### 기획·tvN STORY 〈벌거벗은 한국사〉 제작진

과거의 어느 시간대로든 떠나, 우리나라 역사 속의 중요한 사건과 흥미로운 인물들을 만날 수 있는 '역사 스토리텔링' 프로그램을 만들었습니다. 우리 역사의 장면을 재밌고 흥미진진하게 전달하면, 여러분의 기억 속에 오래 남을 수 있을 거라는 생각으로 만든 것이 〈벌거벗은 한국사〉입니다.

### 글·박선주

오랫동안 시사·교육 분야 프로그램을 만드는 방송 작가로 일했습니다. 특히 교육 프로그램을 만들면서 독서가 아이들의 지적·정서적 성장에 큰 영향을 준다는 걸 알게 되어, 독서 지도와 함께 어린이책에 글을 쓰고 있습니다. 쓴 책으로는 《EBS 60분 부모》가 있습니다.

### 그림·이효실

중앙대학교에서 한국화를 공부하고 영국 킹스턴 대학교에서 일러스트레이션을 공부한 뒤, 현재 어린이책 그림작가로 활동하고 있습니다. 차분하면서도 편안한 그림으로 아이들의 마음을 따뜻하게 담아냅니다. 《난 꿈이 없는걸》《쉿! 갯벌의 비밀을 들려줄게》《가족 바꾸기 깜짝 쇼》《좋아서 껴안았는데, 왜?》《부릅뜨고 꼼꼼 안전》《부릅뜨고 똑똑 표지판》을 비롯한 여러 어린이책에 그림을 그렸습니다.

### 감수·김지영

역사 인류학을 전공한 뒤, 서울대학교 비교문화연구소에서 객원 연구원으로 일하며 한국사를 더 깊이 연구하고, 알리기 위해 노력하고 있습니다. 공저로는 《17세기 조선 로열패밀리의 결혼》《한양의 여성 공간》(연구서) 공동 번역한 책으로는 《숙종과 영조의 일생의례》 들이 있습니다.

### 감수·송웅섭

서울대학교 국사학과에서 박사학위를 받았고, 규장각한국학연구원에서 조선 시대 문집 해설 사업을 맡았습니다. 지금은 총신대학교 역사교육과에서 학생들과 함께 공부하며, 조선 시대 정치사와 사상사를 중심으로 연구하고 있습니다. 공저로는 《고려에서 조선으로》《한국사, 한걸음 더》, 감수한 책으로는 《초등학생을 위한 핵심정리 한국사》〈손글씨로 정리한 한국사 노트〉 들이 있습니다.

초등학생이 꼭 알아야 할 필수 한국사

# 벌거벗은 한국사

**2** 성종의 유교 정책과 연산군의 폭정

기획 tvN STORY 〈벌거벗은 한국사〉 제작진
글 박선주 그림 이효실 감수 김지영 · 송웅섭

아울북

기획의 말

'이 땅에서 현재를 살아가는 우리, 이 땅에서 살았을 우리 조상들. 비록 살았던 시간은 다르지만 같은 땅을 딛고 산 수많은 사람들. 그들은 과연 어떤 삶을 살았을까?'
저희는 이러한 질문에서부터 시작했습니다. 그리고 이 궁금증을 어떻게 해결할 수 있을지 고민했습니다. 이런 고민 속에서 우리는 뜻을 모을 수 있었습니다.

〈벌거벗은 한국사〉는 과거행 특급 열차 히스토리 트레인 익스프레스(HTX, History Train Express)를 타고, 한국사 여행을 떠납니다. 반만년 우리 역사의 수많은 사건과 인물들이 있는 '역사의 현장'에 도착하지요. 그리고 그 뒤에 숨은 이야기를 벌거벗겨 봅니다.

많은 역사적 사실들은 어렵고 딱딱하고 접근하기 어려운 부분이 있지만, 역사의 현장감을 살린 쉽고 재미있는 스토리텔링 방식이라면 한국사를 부담 없이 즐길 수 있을 거예요.

이 책은 방송 프로그램에서 방영되었던 방대한 역사적 사건과 인물들 중 초등학생이 꼭 알아야 할 필수적인 이야기를 엄선했어요. 주인공들과 함께 HTX를 타고 과거로 가 생생한 현장을 마주하고, 매직 윈도우로 당시와 현재를 보면서 한국사를 낱낱이 벌거벗기는 여행을 합니다. 이 과정을 통해 어린이는 스스로 '역사 속 주인공'으로 몰입할 수 있어요. 역사 지식을 단순히 아는 것에서 나아가 사건과 인물이 처한 환경과 인과 관계까지 파악할 수 있어 역사적 사고력을 키울 뿐만 아니라, 올바른 역사의식도 세울 수 있지요.

그럼, 지금부터 한국사 여행 출발해 볼까요?

## 등장인물

**HTX 기관사 한역사**
이름에서 풍겨 나오는 역사의 냄새!
한국사를 꿰뚫고 있는 역사 선생님!
선생님이라고 말하지 않으면 옆집 아저씨 같다.
수일 동안 작업실에서 뚝딱뚝딱하더니
HTX 열차를 개발했다. 이쯤이면
역사 선생님인지 과학자인지 헛갈릴 정도!

**HTX VIP 탑승객 이조선 교수**
끼리끼리 만난다는 말의 표본!
한 쌤과 역사로 통하는 오랜 친구로,
특히 조선 역사라면
누구보다 할 말이 많다.

# 차례

등장인물 • 6
프롤로그 • 10

## 유교 국가의 기틀을 마련한 성군, 성종

- **1장** 열세 살에 왕이 된 성종 • 18
- **2장** 성종이 세운 유교 질서 • 44

## 폭정으로 유교 국가를 무너뜨린 폭군, 연산군

- **3장** 연산군의 즉위와 사화 • 66
- **4장** 연산군의 몰락과 중종반정 • 98

에필로그 • 116

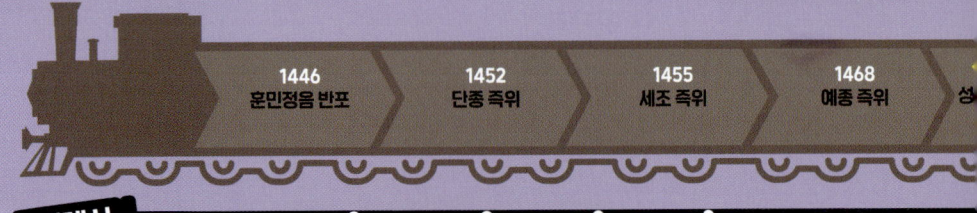

1446 훈민정음 반포 | 1452 단종 즉위 | 1455 세조 즉위 | 1468 예종 즉위 | 성

**세계사**
1450 구텐베르크, 활판 인쇄술 발명 | 1453 동로마 제국 멸망 | 1455 장미 전쟁 발발 | 1467 일본, 전국 시대 시작

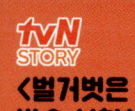

**<벌거벗은 한국사>**
**방송 시청하기**
↩2회  ↩3회

## 역사 정보

❶ **시대 배경 살펴보기** • 122

❷ **인물 다르게 보기** • 124

❸ **또 다른 역사 인물들** • 126

• **주제 마인드맵** • 128

## 벌거벗은 한국사 퀴즈

• **성종 편** • 130

• **연산군 편** • 132

• **정답** • 133

사진 출처 • 135

| 1485 | 1494 | 1506 |
|---|---|---|
| 경국대전 시행 | 연산군 즉위 | 연산군 폐위, 중종 즉위 |

1488
바르톨로메우 디아스,
희망봉 도착

1492
콜럼버스,
카리브해 섬 도착

"HTX에 탑승한 여러분, 환영해요. 모두 잘 지냈나요?"
한역사 선생님이 HTX에 탄 아이들과 이조선 교수님을 반갑게 맞이하며 물었어요.
"쌤, 저는 한국사 여행을 하려고 열심히 운동했어요."
만세가 팔뚝을 뽐내자 여주가 새초롬한 표정으로 말했어요.
"한국사 여행이랑 운동이랑 무슨 상관이 있어? 쌤, 저는 사극 한 편을 다 보고 왔어요. 한국사 여행을 하면서 사극에서 봤던 역사를 배우면 너무 재밌어요."
"난 앉아서 눈으로만 드라마를 보면 몸이 근질근질해. 두 발로 직접 역사 현장 곳곳을 찾아다니는 게 더 재밌어. 난 한국사 여행을 하면서 역사를 잘 아는 남자가 될 거야!"
"오, 여주도, 만세도 역사를 배우겠다는 열의가 대단하군요. 선생님도 더 열심히 해야겠는걸요."
"저는 원래도 한국사 마니아인데, 한국사 여행 덕분에 역사를 더 깊이 알게 돼서 좋아요. 이번 여행도 눈을 번쩍 뜨고 귀를 활짝 열어서 역사 이야기를 하나도 놓치지 않을 거예요."
마이클도 주먹을 불끈 쥐며 말했어요. 아이들이 모두 한국사를 배우겠다는 각오로 눈빛이 불타올랐어요.
"아이들 눈빛이 저렇게 불타니, 한 쌤 데이겠어. 허허허."
VIP 탑승객 이조선 교수님이 웃으며 말하자 한 쌤은 흐뭇한 표정을 지었어요. 그때 만세가 눈을 반짝이며 물었어요.

"쌤, 이번 여행은 어느 시대로 떠나요?"

"저도 궁금해요. 누구를 만날지 너무 기대되거든요."

여주도 손을 모으며 궁금해하자 한 쌤이 말했어요.

"오늘 우리가 한국사 여행에서 만나 볼 주인공은 바로……."

"잠깐만, 한 쌤! 우리 아이들이 너무 궁금해하는데, 이럴 때 스무고개를 해 보면 어때요?"

이조선 교수님의 말에 한 쌤은 솔깃했어요.

"와우! 좋은 생각이에요. 여러분, 이번 한국사 여행에서 만날 인물을 스무고개로 맞혀 볼까요?"

"쌤, 그럼 첫 질문 할게요. 어느 시대 인물…….”

만세의 질문이 끝나기도 전에 여주가 빠르게 말했어요.

"천만세, 이조선 교수님이 계시잖아. 그럼 당연히 조선 시대 인물이지. 쌤, 첫 질문은 이거예요. 여자예요, 남자예요?”

"네, 이번 한국사 여행에서 만나 볼 인물은 이조선 교수님이 오신 만큼 조선 시대 인물이고, 남자입니다.”

"쌤, 남자면 장군이에요, 왕이에요?”

"왕입니다.”

마이클이 갑자기 한숨을 쉬며 말했어요.

"쌤, 조선의 왕은 태정태세문단세 예성연중인명선 광인효

현숙경영 정순헌철고순, 무려 스물일곱 명! 쌤, 너무 많아요."

"와, 조선 왕 이름을 다 외웠어? 마이클, 찐 한국사 마니아!"

여주와 만세의 입이 떡 벌어졌어요.

"자, 그럼 힌트! 이 왕은 태정태세문단세 예성연중인명선 중에 있고, 아주 유명한 공붓벌레였답니다."

한 쌤의 힌트에 만세가 당당하게 손을 들었어요.

"공붓벌레 하면, 세종 대왕이죠."

"아닙니다. 이 왕은 법전인 〈경국대전〉을 반포했어요."

아이들이 모르겠다는 표정을 짓자, 이조선 교수님이 빙그레 웃으면서 힌트를 주었어요.

15

"그 왕한테는 자신과 정반대인 아들이 있었어요. 아들은 책과는 담을 쌓고 놀기를 좋아했지요. 아버지를 이어 왕이 되었는데, 조선 역사상 최악의 폭군으로 기록됐답니다."

"저 알아요. 최악의 폭군은 연산군이에요! 드라마에서 봤는데 어찌나 무섭던지……."

여주가 드라마를 떠올리며 오싹해할 때, 마이클이 다시 조선 시대 왕 이름을 조용히 중얼거리더니, 손을 번쩍 들었어요.

"쌤, 성종이요!"

"네, 정답이에요. 이번에 HTX를 타고 만나 볼 인물은 성종이에요. 그리고 그의 아들이었던 연산군도 함께 만나 볼 거예요. 우리 역사에 성종은 〈경국대전〉을 반포해 조선의 법과 제도를 안정시킨 성군, 연산군은 미치광이 왕, 쫓겨난 왕, 폭군으로 기록되어 있어요."

"아빠는 성군, 아들은 폭군……? 쌤, 둘 사이에 무슨 일이 있었던 거예요?"

만세의 궁금한 표정을 본 한 쌤이 씩 웃으며 말했어요.

"무슨 일이 있었는지 그 비밀을 벌거벗겨 보려면, 그 순간으로 가 봐야겠죠? 두 번째 한국사 여행의 목적지는 1469년 성종이 왕이 된 그날입니다. HTX, 출발!"

한 쌤이 우렁차게 소리치자 열차가 플랫폼을 출발했어요.

# 1장 - 열세 살에 왕이 된 성종

유교 국가의 기틀을 마련한 성군, 성종

1469년, 성종이 즉위식을 가졌던 경복궁 근정문입니다.

근정전이 아니라 근정문? 왕마다 달랐네.

즉위식 하는 소리가 들리는 것 같아.

지금 우리는 1469년 음력 11월 28일 경복궁 근정문에 도착했어요. 이날 이곳에서 조선의 9대 왕 성종의 즉위식이 열렸어요.

성종은 공부에 열정적이었던 왕이었어요. 왕의 자리에 있었던 25년 동안 매일 같이 신하들과 공부하고 나랏일을 두고 토론을 했지요. 그래서 조선의 대학자 율곡 이이가 '영특함과 슬기로움이 우리나라 천년에 우뚝 솟아오를 만큼 참으로 성스러운 임금'이라고 칭송했지요. 그런데 놀랍게도 성종은 아무 준비 없이 왕위에 올랐어요.

조선의 왕들은 세자 때부터 왕으로서 갖춰야 하는 성품과 학문을 익히는 제왕 교육을 받았어요. 성종은 왜 제왕 교육을 받지 않고 왕위에 올랐고, 어떤 노력을 했기에 성군으로 칭송받는 왕이 되었을까요? 이번 여행에서 한번 알아보아요!

## 갑작스런 즉위식

1469년 음력 11월 28일 아침, 조선의 8대 왕 예종이 갑자기 세상을 떠났어요. 왕의 자리에 오른 지 1년 2개월 만의 일이었지요. 누구도 예상하지 못한 왕의 죽음에 조정은 혼란스러웠어요. 예종은 당시 스무 살의 젊은 나이였기에 뒤를 이을 세자를 정해 놓지 않은 상태였어요. 왕의 자리는 한시라도 비울 수 없으니 빨리 후계자를 정해야 했지요. 신하들은 세조의 부인이자 예종의 어머니인 대왕대비 정희 왕후를 찾아갔어요. 정희 왕후는 아들의 죽음을 슬퍼할 틈도 없이 새 왕을 결정해야 했어요.

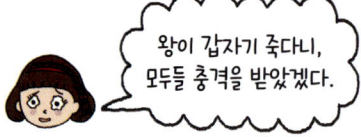

"누가 새 왕이 될 만한가?"

정희 왕후가 묻자 신하들이 이렇게 대답했어요.

"이 일은 신들이 감히 논할 수 없사옵니다. 대비께서 정해 주시옵소서."

당시 왕이 될 후보자는 세 명이었어요. 왕위는 왕의 첫째 아들에게 물려준다는 원칙이 세워져 있었어요. 그래서 1순위는 예종의 하나밖에 없는 아들인 원자* 이헌

**원자**
아직 왕세자에 책봉되지 않은 왕의 맏아들을 일컫는다.

이었어요. 그리고 2순위는 예종보다 일찍 죽은 형인 의경 세자의 첫째 아들 월산군, 3순위는 둘째 아들 자을산군이었어요. 이때 정희 왕후가 뜻밖의 얘기를 했어요.

"음, 원자는 네 살밖에 안 돼 너무 어리고, 월산군은 어릴 때부터 몸이 약했소."

신하들은 깜짝 놀랐어요. 1순위와 2순위를 모두 왕으로 올리지 않겠다는 말이었으니까요.

"그렇다면 자을산군을 새 왕으로 정하시겠습니까?"

"그렇소. 자을산군도 어리지만, 세조께서 자을산군이 생각이 깊다고 칭찬하신 적이 있으셨소. 그러니 자을산군으로 하여금 왕위를 잇게 하는 것이 좋겠소."

"대비의 말씀을 따르겠습니다."

정희 왕후는 왜 3순위였던 자을산군을 새 왕으로 선택했을까요? 그 이유는 자을산군의 장인이 당시 막강한 권력자였던 한명회였기 때문이에요.

**한명회**
세조가 왕이 되는 데 공을 세운 신하. 셋째 딸은 예종, 넷째 딸은 자을산군과 결혼해 왕실의 외척으로 큰 권세를 누렸다.

당시 왕자들은 모두 나이가 어렸어요. 정희 왕후는 어린 왕이 신하들로부터 정치적인 공격을 받으면 왕권이 흔들릴 수 있다고 생각했어요. 새 왕을 보호하고 왕권을 지키려면 최고 권력자 한명회의 도움이 필요했지요. 정희 왕후는 한명회가 사위인 자을산군이 공격을 받으면 이를 막아 줄 것으로 기대했던 거예요.

정희 왕후가 새 왕을 정하자 신하들이 아뢰었어요.

"원칙대로라면 왕이 승하한 지 사흘이나 닷새 뒤에 즉위해야 합니다. 그러나 지금은 갑작스럽게 왕께서 승하하시어 온 나라와 백성이 혼란스러운 때입니다. 새 왕이 바로 즉위하여 민심을 안정시켜야 합니다."

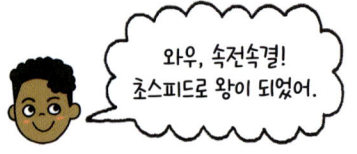

신하들의 건의를 정희 왕후는 흔쾌히 받아들였어요. 그래서 바로 그날 오후 자을산군이 면류관과 곤복을 갖춰 입고 경복궁 근정문에서 즉위식을 올렸어요.

이렇게 조선의 9대 왕의 자리에 오른 자을산군이 바로 성종이랍니다. 성종은 조선 역사에서 전왕이 세상을 떠난 지 반나절도 채 되지 않아 왕위에 오른 유일한 왕이었지요.

## 경연을 통한 제왕 수업

성종이 조선의 9대 왕으로 등극했을 때의 나이는 열세 살에 불과했어요. 왕이 나이가 어리면, 수렴청정을 해요. 수렴청정은 한자로 드리울 수(垂), 발 렴(簾), 들을 청(聽), 정사 정(政)으로, 왕실의 가장 어른인 할머니나 어머니가 발을 드리우고 왕과 함께 신하들의 말을 들으며 정치를 하는 걸 말해요.

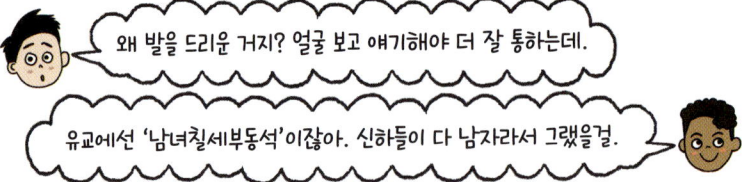

성종이 왕이 됐을 때, 왕실의 가장 어른은 할머니인 정희 왕후였어요. 정희 왕후는 한명회 등의 원로대신들의 도움을 받아 수렴청정을 하면서 크고 작은 나랏일을 결정했어요. 수렴청정은 성종이 스무 살이 될 때까지 계속되었지요.

성종은 유교 경전을 공부하는 것으로 왕 역할을 시작했어요. 조선은 유교의 한 갈래인 성리학을 따르는 나라예요. 성리학에서 말하는 훌륭한 왕이 되기 위해 끊임없이 공부했지요. 이렇게 왕이 하는 공부를 글 경(經), 대자리 연(筵) 자를 써 '경연'이라고 해요. 경전을 공부하는 자리라는 뜻이에요.

**HTX VIP 한국사 보태기**

## 왕이 하는 공부, 경연

조선은 왕이 공부하지 않으면 정치를 잘할 수 없고, 정치를 못하면 나라가 망한다고 생각했어요. 그래서 경연은 왕이 해야 하는 중요한 일 중 하나였어요. 왕은 무엇을 어떻게 공부했고, 누가 왕을 가르쳤을까요?

### 교재 | 경전과 역사서

옛 성현의 가르침을 담은 유교 경전과 중국의 역사를 공부했어요. 이전의 왕들이 어떤 정치를 펼쳤는지 공부해 훌륭한 점을 본받으려 한 것이지요. 나중에는 우리나라 학자들이 쓴 성리학 책, 우리나라 역사도 공부했어요.

사서 / 오경 / 역사서
대학, 중용, 맹자, 논어
춘추, 예기, 주역, 시경, 서경
자치통감강목, 사기

### 시간표 | 하루 3강 +α

매일 정해진 시간에 세 차례 했어요. 아침에 하는 조강, 점심에 하는 주강, 저녁에 하는 석강이었지요. 또 밤에 하는 야대, 특별한 일이 있을 때 하는 소대도 있었어요. 장례를 치르거나 왕의 건강이 좋지 않을 때, 한여름 삼복더위 때는 경연을 쉬었어요.

| 시간\일 | 1 | 2 | 3 | 4 | 5 | 6 |
|---|---|---|---|---|---|---|
| 아침 | 조강 | 조강 | 조강 | 조강 | 조강 | 조강 |
| 점심 | 주강 | 주강 | 주강 | 주강 | 주강 | 주강 |
|  |  | 소대 |  |  | 소대 |  |
| 저녁 | 석강 | 석강 | 석강 | 석강 | 석강 | 석강 |
| 밤 |  | 야대 |  | 야대 |  | 야대 |

### 강사 | 학문과 덕망이 높은 선생님

경연에 참여하는 신하를 '경연관'이라고 해요. 경연관은 학문과 덕망이 높은 문신 중에서 열 명가량 뽑았어요. 경연관은 왕에게 경전의 뜻을 해설하며 가르치는 것이 임무였고, 때로는 중요한 정치 문제를 토의하기도 했어요.

### 수업방법 | 강독과 토론

수업은 강독과 토론으로 이루어졌어요. 경연관이 경전의 서너 줄을 먼저 읽으면 왕이 따라서 읽었어요. 이어서 경연관이 글자의 음과 뜻을 설명하고 경연에 참여한 사람들이 돌아가면서 각자 의견을 내고 토론했어요.

경연은 왕이 혼자 하는 공부가 아니었어요. 뛰어난 학자들에게 경전을 배우고, 중요한 나랏일에 대해 토론을 하는 자리였지요. 하지만 성종에게는 문제가 하나 있었어요. 뛰어난 학자들과 공부하고 토론을 하기에는 학문 실력이 턱없이 부족했다는 거예요. 왜일까요?

성종이 열세 살로 어린 탓도 있지만, 무엇보다 성종이 세자 시절을 거치지 않은 탓이 컸어요. 원래 조선 왕실에서는 왕위에 오를 세자에게 제왕 수업을 시켰어요. 세자의 제왕 수업은 '서연'이라 했는데, 조선은 서연을 '세자시강원'이라는 세자 교육 기관을 따로 두고 철저하게 했어요. 하지만 성종은 세자 시절을 거치지 않고 바로 왕이 되는 바람에 제왕 수업을 받지 못한 상태였어요. 무엇보다 제왕 수업을 하는 게 급했지요.

성종의 제왕 수업을 맡은 사람은 신숙주였어요. 신숙주는 당시 최고의

성종의 제왕 수업 커리큘럼을 내가 짰소.

↑ 신숙주

석학으로, 세종 때부터 학문과 외교에서 뛰어난 능력을 보였던 인물이었어요. 성종이 즉위한 지 열흘째 되는 날, 신숙주는 성종을 위한 수업 계획을 짜 정희 왕후에게 아뢰었어요. 곧 성종을 가르칠 선생님인 경연관을 뽑아 제왕 수업을 시작했어요.

　1470년 음력 1월 7일, 성종의 첫 경연이 열렸어요. 창덕궁 보경당에는 정희 왕후와 이날 강의를 할 경연관뿐 아니라 조정의 대신들, 사관까지 모두 아홉 명이 들어와 있었어요. 모두들 숨소리도 내지 않을 만큼 바짝 긴장을 했어요.

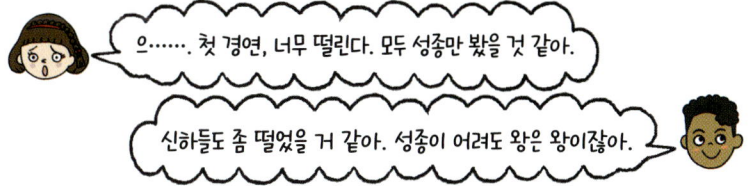

　첫 경연에서 공부할 것은 〈논어〉의 제1 편이었어요. 먼저 경연관이 책의 서너 줄을 읽고 해석하기를 세 번 했어요. 그러면 이어 같은 부분을 성종이 한 번 읽고 해석을 했어요.

　성종은 예순이 넘은 할아버지벌 선생님을 대하는 게 좀 어려웠을 수도 있어요. 하지만 성종은 개의치 않았어요. 학문적으로 뛰어난 선생님께 배운 내용을 스펀지처럼 전부 빨아들이기 위해 노력했지요.

## 더위와 추위, 밤낮을 가리지 않은 성종의 공부 열정

성종은 아침, 낮, 저녁, 하루 세 차례씩 있는 경연을 한 번도 빼지 않고 했어요. 1년이 지난 뒤부터는 밤 시간을 추가하여 하루에 네 차례씩 경연을 했어요. 이런 공부 일정을 수렴청정이 끝날 때까지 무려 7년 동안이나 계속했어요.

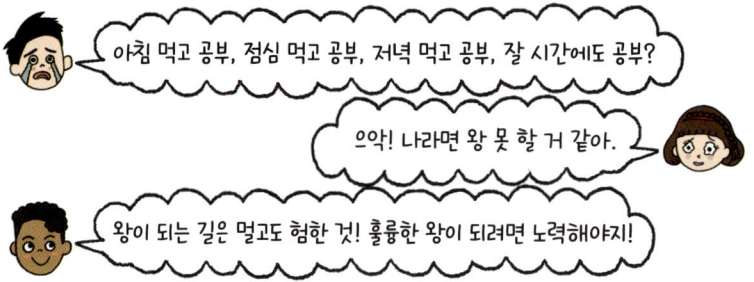

성종의 하루는 네 차례 공부 말고도 왕으로서 해야 할 일들로 빼곡하게 차 있었어요. 성종은 빡빡한 일정을 다 해내면서도 공부를 게을리하지 않았어요. 성종은 매우 성실하고 끈기가 있는 사람이었어요. 또 학문에 대한 호기심이 많았고, 배우겠다는 열정도 많았어요.

성종이 왕위에 오른 지 석 달쯤 되었을 때, 왕실에 제사가 있었어요. 신하들이 성종에게 이렇게 말했어요.

"전하, 오늘 제사를 마치시면 경연은 쉬시고 몸을 아끼시옵

소서. 전하의 몸이 상할까 신들의 염려가 크옵니다."

보통 왕실의 제사는 새벽 2시에 시작해서 아침 7시가 지나야 끝나요. 밤을 새고 또 경연을 해야 하니, 신하들은 성종의 건강이 걱정됐어요. 그런데 성종이 뜻밖의 대답을 했어요.

"경들은 들으시오. 나는 왕세자 교육을 못 받고 왕이 되었소. 그래서 하루라도 더 배워야 하오. 제사를 지내는 사흘 동안 경연을 못 했소. 오늘은 경연에 꼭 나갈 것이니 그리 준비해 주시오."

성종은 경연을 하루도 거르고 싶지 않았어요. 성종의 공부 열정은 기록으로도 확인할 수 있어요. 성종은 왕으로 있었던 25년 동안 무려 8천 회가 넘는 경연을 했어요. 1년에 369회! 어떤 날은 하루 네 번씩이나 경연을 했다니 정말 '경연 덕후'라 할 만하죠. 여기서 퀴즈!

Q 공부 열정이 넘쳤던 성종이 경연에 빠진 적이 있었어요. 무슨 이유였을까요?

아무리 공부를 좋아한다 해도 어떻게 맨날 공부만 해? 성종도 분명 놀고 싶은 날이 있었을 거야. 아주 많이 놀고 싶어서 경연을 빠지지 않았을까?

날이 너무 더웠나?
아차, 더위와 추위에도 경연을 거르지 않았다고 그랬지.

성종 재위 말에 날씨가 무척 더운 날이 있었어요.
그래서 성종이 경연을 쉬자고 했는데, 이때는
신하들이 반대해서 경연을 계속했다고 해요.

우아, 신하들도 만만치 않았네요!
나라면 왕이 쉬자고 하면 좋아서 바로 "네!" 할 것 같은데.

성종도, 신하들도 어찌할 수 없는 이유여야
경연을 쉴 수 있었다는 건데…….
혹시 전쟁이 나서?

성종 재위 기간 동안 큰 전쟁은 없었어요.

그럼 혹시 몸이 아프셨던 게 아닐까?
공부를 할 수 없을 만큼 진짜로 아팠던 거지.

정답! 성종은 재위 20년째인 1489년 음력 2월 12일,
무척 아팠어요. 〈성종실록〉에 치질과 이질 때문에 경연
을 취소했다는 기록이 있지요. 오랫동안 한자리에 앉아서
공부한 탓에 병을 얻었나 봐요.

윗! 하필 치질이라니……. 그거 엄청 아프고 괴롭다던데.
그러게 공부만 너무 하면 안 돼.
나처럼 운동도 해야지.

하하하. 맞아요.
우리는 공부도 운동도 모두 열심히 하기로!

정희 왕후는 공부에 열정을 쏟는 성종이 기특했어요. 정희 왕후는 성종이 학문을 잘 닦아 세종처럼 훌륭한 군주가 되기를 바랐지요. 그래서 수렴청정을 하면서 그 어떤 정치 사안보다도 어린 왕의 공부에 더 각별하게 신경을 썼어요. 하루는 정희 왕후가 승정원에 명령을 내렸어요.

"흰 병풍을 주상을 가르치는 경연관에게 가져다주시오."

**승정원**
오늘날 비서실과 같은 곳으로 왕의 명령을 신하들에게 전달하는 일을 맡아 했다.

"네? 아무 글씨도 그림도 없는 흰 병풍을 무엇에 쓰게 하시렵니까?"

승정원 관리가 놀라서 묻자 정희 왕후가 이렇게 말했어요.

"경연관들한테 전하시오. 주상이 마음에 새겨 두어야 할 글을 흰 병풍에 써서 어좌의 좌우에 세워 놓으라 하시오. 죽간으로 엮은 책은 펼쳐야 볼 수 있지만, 병풍에 써 놓은 글은 항상 펼쳐져 있소. 그러면 주상이 아침저녁으로 방에 드나들 때

병풍에 좋은 글귀를 써 주상 주위에 세워 두시오.

그리 하겠습니다.

병풍이 눈에 띄어 저절로 읽지 않겠소?"

정희 왕후의 명에 따라 승정원 관리가 경연관들에게 흰 병풍을 보냈어요. 경연관들은 유교 경전에 나오는 좋은 말들을 뽑아 병풍에 적었어요. 정희 왕후처럼 성종이 훌륭한 왕이 되기를 바라는 마음을 담았지요.

신하들한테 학문을 배우는 학생으로 왕의 역할을 시작한 열세 살 소년은 어느덧 스무 살 청년으로 성장했어요. 성종은 그동안 성실하고 끈기 있게 제왕 수업을 받았어요. 이제 수렴청정을 끝내고 직접 나라를 다스릴 때가 되었어요.

## 왕 성종과 왕의 장인 한명회의 대립

1476년 음력 1월 13일, 정희 왕후가 수렴청정을 그만하고 정치에서 물러나겠다는 뜻을 성종에게 전했어요. 성종과 신하들이 말렸지만, 정희 왕후는 뜻을 굽히지 않았어요. 성종은 곧 마음을 다잡고 정희 왕후의 뜻에 따르기로 해요. 이날 바로 신하들에게 자신의 결단을 밝히는 왕명서를 내렸어요.

"대비께서 나랏일을 모두 나의 결단에 맡긴다고 하셨소. 지금부터는 내가 직접 나랏일을 모두 처리할 것이오."

드디어 수렴청정이 끝나고 성종이 직접 정치를 시작했어요. 진짜 성종의 시대가 열린 거예요. 다음 날, 성종은 신하들에게 말했어요.

"내가 나랏일에 힘쓰더라도 미치지 못한 점이 있을 수 있소. 부디 경들이 나를 잘 보필해 주시오."

"전하, 충성을 다하겠사옵니다!"

신하들은 고개를 숙여 충성을 맹세했지만, 그건 그냥 하는 말일 뿐이었어요. 갓 스무 살이 된 왕을 얕잡아 보는 사람이 있었지요. 바로 한명회였어요.

한명회는 세조 때에 권력을 잡은 뒤 높은 벼슬을 차지하고, 나라로부터 많은 토지와 노비를 받아 막대한 재산을 가졌어요. 성종이 즉위한 뒤에는 정희 왕후의 수렴청정을 도우며 더욱 힘이 막강해졌지요. 게다가 한명회는 성종의 장인이기도 하잖아요. 한명회의 힘은 어마어마하게 커져서 왕권을 뛰어넘을 정도였어요. 성종은 한명회가 권력을 누리는 것을 우려했어요.

성종이 직접 나랏일을 보기 시작한 지 두어 달, 때마침 한명회를 비판하는 상소가 올라왔어요. 정희 왕후가 수렴청정을 그만하겠다고 했을 때 한명회가 반대를 했는데, 이는 성종이 직접 정치를 하는 데 반대한 것이므로 한명회를 처벌해야 한다는 것이었지요. 성종은 장인인 한명회를 내칠 수 없어 넘어가려 했지만 상소가 계속 빗발쳤어요. 결국 한명회가 스스로 관직을 내놓았어요.

한명회는 관직에서 물러났지만, 왕의 장인으로서 힘이 있었어요. 그는 자신의 호를 따 '압구정'이라고 이름을 지은 정자를 한강변에 짓고, 이곳에서 잔치를 자주 열었지요. 그런데 한명회는 이 압구정 때문에 성종과 부딪히게 돼요.

1481년 6월, 중국에서 온 사신이 한명회의 압구정을 보고 싶다고 했어요. 한명회는 사신을 접대하겠다며 성종에게 용봉차일을 빌려 달라고 해요. 용봉차일은 왕실 행사 때 쓰는 용과 봉황이 그려진 천막이에요. 압구정 정자를 넓게 쓰기 위해 용봉차일을 빌려 달라고 한 거예요.

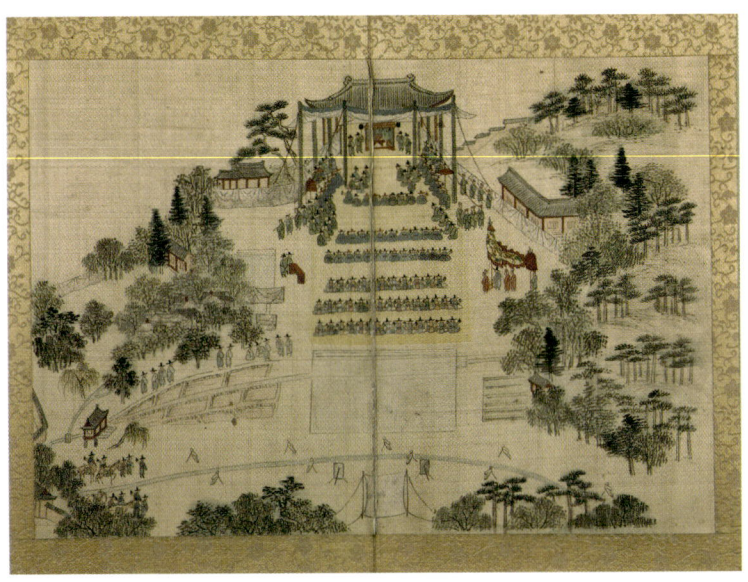

↑ 용봉차일을 사용한 왕실 행사 모습

성종은 사신 접대를 사적인 공간에서 하는 것도 모자라 왕실 천막까지 쓰겠다고 한 데 크게 화가 났어요. 한명회의 부탁을 거절하고, 이렇게 말했어요.

"접대 장소를 다른 곳으로 바꿀 테니, 경은 참석하시오."

그러자 한명회가 이렇게 말하는 거예요.

"아내가 아파서 연회에 참석하지 못하겠습니다."

아내가 아프다는 건 핑계였어요. 성종은 아무리 장인이라도 왕명을 거역하는 한명회를 더 이상 두고 볼 수 없었어요.

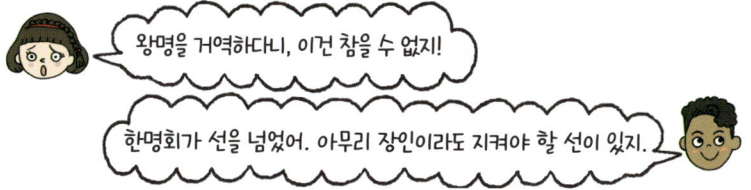

성종은 한명회에게 주었던 부원군이라는 칭호를 빼앗아 버려요. 부원군은 왕의 장인에게 주는 작위예요. 모든 권력을 잃은 한명회는 압구정 사건 후 6년 뒤 세상을 떠났답니다.

## 인재 육성과 언론

↑ 김종직

성종은 유교 경전의 가르침에 따라 나라를 다스리고 싶었어요. 어떤 왕보다 경연을 열심히 하며 유교 경전을 공부했지만, 왕 혼자서 모든 일을 할 수는 없잖아요. 성종은 자신을 뒷받침해 줄 인재가 필요했어요. 그때 성종의 눈에 들어온 신하가 있었어요. 성종의 경연관 중 한 명이었던 김종직이에요.

여러분, 지난 첫 번째 한국사 여행에서 만났던 정몽주를 기억하나요? 정몽주는 온건파 신진 사대부를 대표하는 인물로, 성리학의 원칙인 도덕과 명분을 지키는 것을 중시했어요. 그래서 혁명파 신진 사대부가 고려 왕조를 무너뜨리고 새 왕조를 세우는 것을 반대하다가 태종 이방원에게 목숨을 빼앗겼지요.

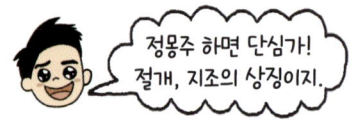
정몽주 하면 단심가! 절개, 지조의 상징이지.

정몽주의 죽음 이후 조선이 건국됐고, 온건파 신진 사대부는 고향으로 내려가 성리학 연구에 몰두했어요. 이들의 학문을 이어 받은 후예들을 '사림'이라고 해요. 사림은 성리학에 정통하고, 성리학의 원칙에 철저했어요. 성리학의 원칙에 어긋나면 주저없이 비판을 했지요. 그게 왕이라도 말이에요. 이런 사림 세력을 대표하는 사람이 김종직이었어요.

**사림**
선비 사(士), 수풀 림(林)을 써, '선비들의 집단'을 뜻한다. 지방에서 학문을 닦고 제자를 길렀던 학자들을 가리킨다.

성종은 경연을 하면서 학문이 뛰어나고 성품이 강직한 김종직이 마음에 들었어요. 성종은 김종직의 학문적 깊이를 신뢰해 김종직의 학문을 따르는 제자들, 사림을 대거 등용했어요.

또 한편으로 성종은 유능한 인재를 길러 내기 위해 특별한 휴가 제도를 마련했어요. 바로 '사가 독서'예요. 사가 독서는

젊은 문관 가운데 뛰어난 사람을 뽑아 휴가를 주어 마음껏 책을 읽게 하는 제도로, 세종 때 처음 시작되었어요.

세종은 젊은 관료들이 일을 하느라 독서할 시간이 없는 것을 걱정했어요. 세종은 유교 경전 등을 읽는 독서를 꾸준히 해야 나라를 잘 다스릴 능력이 키워진다고 생각했어요. 그래서 아예 휴가를 주어 일하지 말고 독서하라고 한 것이지요.

세종은 처음에는 집에서 독서하도록 했어요. 그런데 집에 있으면 아무리 공부를 좋아하는 사람이라도 딴짓을 할 때가 있잖아요. 손님이 찾아올 수도 있고요. 그래서 산속 빈 사찰을 정해 그곳에 가서 독서하도록 했지요.

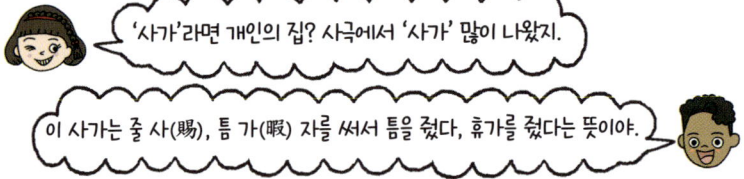

'사가'라면 개인의 집? 사극에서 '사가' 많이 나왔지.

이 사가는 줄 사(賜), 틈 가(暇) 자를 써서 틈을 줬다, 휴가를 줬다는 뜻이야.

성종은 세조 때 폐지된 사가 독서를 다시 부활시켰어요. 세조는 즉위 당시에 왕권 강화를 위해 집현전을 없애면서 사가 독서도 함께 폐지했었거든요. 성종은 서울 용산에 '독서당'이라는 건물도 지었어요. 사가 독서를 받은 문관은 한강 변의 경치 좋고 한적한 곳에 지은 번듯한 독서당에서 마음껏 책을 읽었어요. 성종은 먹을 것 등 필요한 것들을 내 주며 독서를 장

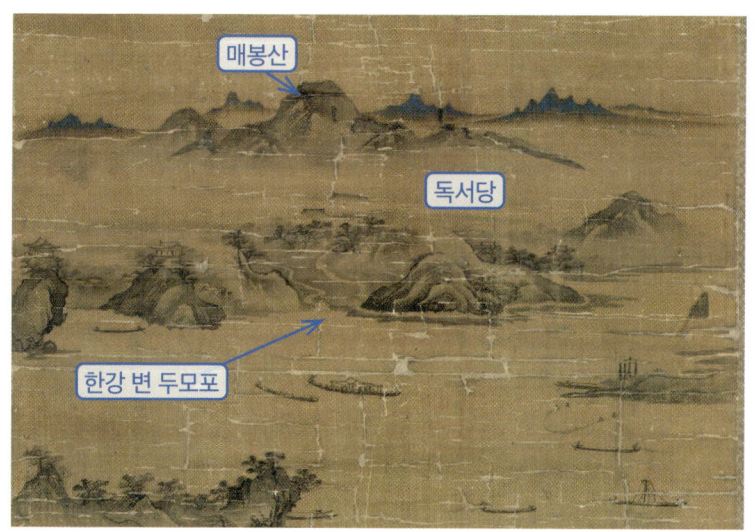

16세기 독서당계회도 ↑

려했고요. 물론 시시때때로 과제를 주어 평가하는 것도 잊지 않았지요.

성종은 학문적으로 뛰어난 관료들을 우대하고 가까이 두었는데, 그중에서도 삼사의 관료들과 가깝게 지냈어요. 삼사는 사간원, 사헌부, 홍문관을 통틀어 부르는 이름이에요. 삼사의 관직은 낮았지만, 젊고 유능한 인재들이 모인 언론 기관이었어요.

사간원은 왕의 정치에 대해 비판하는 일을 했고, 사헌부는 관리들의 잘못을 조사하고 탄핵하는 일을 했어요. 두 기관에서 일하는 관리를 합쳐 '대간'이라고 해요. 홍문관은 왕실의 책들을 관리하는 일, 왕이 신하, 관청, 백성에게 내리는 문서의 초안을 만드는 일, 경연을 주관하며 왕의 물음에 응하는 일도 했어요.

 **HTX VIP 보태기**

**홍문관과 집현전의 차이**
성종은 원래 왕실 도서관이었던 홍문관에 경연과 자문을 하는 역할을 더해 줘 위상을 높였어요. 홍문관이 세종 때의 학문 연구 기관이던 집현전과 같은 일을 하게 된 셈이지요. 같은 일을 하면 이름도 같아야 하는데, 왜 집현전이라 바꿔 부르지 않았을까요? 그건 집현전이 성종의 할아버지 세조에 의해 폐지됐기 때문이에요. 할아버지가 폐지한 기관의 이름을 그대로 다시 쓰는 건 할아버지의 뜻을 거스르는 불효라고 생각했던 거지요.

성종은 삼사의 관료들을 우대해 주고 이들이 국가의 정책을 자유롭게 비판할 수 있도록 배려해 주었어요. 성종은 언론이 활성화되어야 나라가 튼튼해 질 수 있다고 생각했거든요.

성종의 이 같은 배려 덕분에 삼사의 관료들은 소문에 기초해서 대신들을 탄핵할 수 있었어요. 어느 대신이 뇌물을 받았다는 소문이 돌면 대간은 뇌물 받은 대신을 처벌해 달라고 요청을 했어요. 홍문관 관료는 경연 자리에서 대간을 편들거나 직접 상소를 올려 대간과 함께 언론 활동을 펼쳐

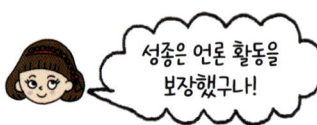
성종은 언론 활동을 보장했구나!

나갔어요.

간혹 삼사의 관료들이 대신들을 비판하다가 곤란한 처지에 놓일 때면, 성종은 삼사의 관료들에게 피해가 돌아가지 않도록 신경을 써 주었어요. 덕분에 삼사의 언론 활동이 유례없을 정도로 활발해졌어요. 당시 조정에 널러 퍼져 있던 부정부패와 비리는 그만큼 줄어들게 되었지요.

공붓벌레로 학문을 중시한 성종은 유교의 가르침대로 정치를 할 준비를 마쳤어요. 이제 성종이 자신의 뜻을 어떻게 펼쳐 나갔는지 알아보러 가 볼까요?

유교 국가의 기틀을 마련한 성군, 성종

# 성종이 세운 유교 질서

이곳은 의금부입니다.

맞아요. 국왕 직속 사법 기관이죠.

사극에 많이 나오는 국문을 하는 곳이요?

이곳은 의금부예요. 1480년, 성종이 직접 나랏일을 보기 시작한 지 4년째에 한 여인이 이곳에 끌려와 조사를 받았어요. 이 여인은 양반가의 부인이었던 어우동! 그런데 어우동을 조사하면 할수록 놀라운 사실이 드러나 모두가 충격에 빠지게 된답니다. 특히 성종은 이 사건을 쉬이 넘길 수가 없었어요.

성종은 유교 질서가 바로잡힌 나라를 꿈꾸었고, 덕으로 나라를 다스리는 정치를 하리라 다짐했어요. 그리고 이제 막 자신의 뜻을 펼치려 할 때 어우동 사건이 터졌어요. 성종은 어우동 사건을 계기로 삼아 유교 질서를 바로 세웁니다. 그리고 유교 질서에 맞는 법과 제도를 완성하고 조선에 또 한 번의 태평성대를 이루어 내지요. 그 과정을 함께 따라가 볼까요?

↑ 형벌을 받는 여인을 그린 풍속화

### 유교를 널리 퍼뜨린 성종

성종의 꿈은 유교적 이상 군주가 되는 것이었어요. 그래서 하루도 거르지 않고 경연을 하며 유학을 머리뿐 아니라 몸과 마음으로 받아들였어요. 성종은 이제 유교 질서에 맞게 나라의 기강을 세우고 싶었어요. 백성들도 유교의 가르침에 따라 사는 나라, 이것이 성종이 만들고 싶은 나라였지요.

조선은 초기부터 유교 질서를 퍼뜨리기 위해 충신, 효자, 열녀를 뽑아 상을 내렸어요. 상만 준 것이 아니라 벼슬을 주거나 신분을 올려 주기도 했어요. 또 세금이나 의무를 덜어 주기도 했어요. 상을 받는 것만으로도 명예로운데 실질적인 혜택도 주니, 백성들은 유교 가르침을 따르는 일을 중요하게 여기게 되었지요.

**열녀**
한자로 매울 열(烈), 여자 녀(女) 자를 쓰는 낱말로, 남편을 극진하게 섬기는 여인을 가리킨다.

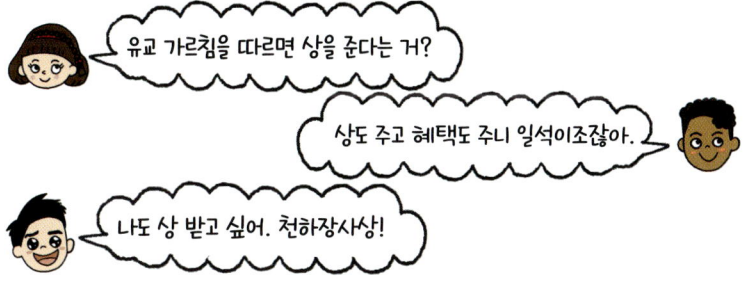

성종은 즉위 초부터 모범이 되는 충신, 효자, 열녀를 전국에서 뽑아서 일일이 상을 주었어요. 〈성종실록〉에 기록된 사례들을 살펴볼까요?

전라도 정읍에서 한 남자가 호랑이에 물려간 일이 있었어요. 당시에는 호랑이 때문에 목숨을 잃는 사람들이 굉장히 많았어요. 그런데 이 남자는 구사일생으로 목숨을 건졌어요. 놀랍게도 겨우 열 살에 불과한 아들 전극공 덕분이었죠. 전극공은

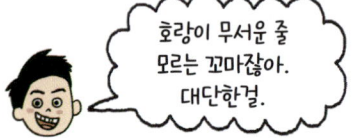

호랑이 무서운 줄 모르는 꼬마잖아. 대단한걸.

낫을 들고 무서운 호랑이에게 힘껏 덤벼들어 끝내 아버지를 구해 냈다고 해요. 전극공의 놀라운 이야기는 성종의 귀에 들어갔어요.

"열 살밖에 안 된 아이의 효성이 가상하구나. 효자문을 세우고, 이 아이에게는 앞으로 세금과 의무를 면해 주어라."

또, 남편이 죽자 산소를 지키며 하루하루를 슬퍼하며 지낸 여인이 있었어요. 여인은 집에 불이 나자 두 번씩이나 불길 속에서 신주를 안고 나왔어요. 성종은 이 여인에게도 상을 내렸어요. 열녀문을 세우고, 여인의 자식들을 관리로 채용해 주었지요.

↑ 열녀의 행적을 기리기 위해 마을에 세운 열녀문

성종은 유교의 가르침을 잘 따른 사람이면 신분, 나이, 남녀를 가리지 않고 상을 내렸어요. 또 고을 수령들에게는 고을에서 효자나 열녀가 나오면 점수를 높여 주었어요. 그러자 수령들은 모범 사례를 발굴하는 데 발 벗고 나섰지요. 반면에 유교의 가르침에서 벗어나는 짓을 하면 엄한 벌로 다스렸어요.

유교 국가를 만들겠다는 성종의 의지는 확고했어요. 성종은 유교적 이상 군주로서 왕도 정치를 펼쳤고, 백성들도 점차 유교의 가르침을 따르게 되었지요.

**왕도 정치**
인과 덕을 바탕으로 하는 정치. 힘이나 권모술수에 의한 정치인 패도 정치와 대비되는 말이다.

그러던 어느 날, 성종이 꿈꾸는 이상적 유교 국가에 금이 가는 사건이 터졌어요. 바로 어우동 사건이었지요.

## 어우동 스캔들에 내린 성종의 선택

1480년 음력 6월, 한 여인이 의금부에 끌려왔어요. 그 여인은 바로 왕족의 며느리, 어우동이었어요. 본래 이름은 박구마라고 해요. 그녀는 유교의 가르침에서 크게 벗어난 죄를 지어 국문을 받게 됐지요.

## HTX VIP 한국사 보태기

### 조선 시대 최대의 스캔들, 어우동 사건

유교 질서가 정착되어 가던 시기에 벌어진 어우동 사건은 모두에게 충격을 주었어요. 어우동은 어떤 인물이고, 어떤 유교 질서를 깨뜨렸기에 의금부까지 끌려오게 되었는지 알아볼까요?

어우동은 결혼한 여인이 다른 남자와 어울리고, 부모로부터 물려받은 몸을 훼손했다는 죄목으로 끌려왔어요. 유교의 가르침에서 크게 벗어난 행동을 한 어우동에게 어떤 벌을 내려야 할지, 조정에서는 두 파로 의견이 갈렸어요.

"전하, 어우동은 양반가의 딸이고 왕족의 며느리인데, 여러 남자와 어울렸습니다. 이는 나라를 어지럽히는 큰 죄입니다. 마땅히 사형을 시켜 다시는 이런 일이 없도록 백성들에게 본보기로 삼으셔야 합니다."

"아니 되옵니다, 전하. 어우동의 죄가 매우 무겁기는 하오나 곤장 백 대를 치는 장형(杖刑)을 내리셔야 합니다. 법에 어긋나는 벌을 내리시면 법의 기강이 무너지옵니다. 부디 법대로 하소서, 전하!"

신하들은 어우동을 사형을 시키느냐, 곤장 백 대를 때리고 멀리 유배를 보내느냐를 놓고 팽팽하게 대립했어요. 나라를 어지럽혔으니 본때를 보여야 한다는 의견, 아무리 죄가 무거워도 법대로 해야 한다는 의견이었지요.

과연 성종은 어떤 입장이었을까요? 성종은 이 문제를 45일 후에 다시 논의하자고 했어요. 그러면서 의금부에 이렇게 지시했어요.

> 어우동은 여러 남자와 어울림이 도를 넘었도다. 아녀자의 법도는 아랑곳하지 않고, 자기 마음대로 행동하였는데, 이런데도 죽이지 않는다면 후세 사람들을 어떻게 깨우치게 하겠느냐? 의금부에 명하여 사율을 헤아려 아뢰게 하여라.

성종의 입장은 단호했어요. 성종은 이미 어우동을 사형시키기로 마음먹고 있었죠. 사율을 헤아리라는 건, 어우동에게 사형죄를 적용할 방법을 찾으라는 말이었어요. 한마디로 어우동을 죽일 근거를 찾아오라는 숙제를 준 거였어요. 그로부터 45일 뒤, 어우동은 '남편을 배신하고 도망쳐 재혼한 죄'로 사형을 받아요.

여러분, 성종의 결정이 좀 이상하지 않나요? 어우동이 남편을 배신했나요? 그리고 재혼을 했나요? 결코 아니에요. 어우동은 남편을 배신하지 않았어요. 오히려 남편이 다른 여자를 만나기 위해 어우동을 배신했어요. 그리고 어우동은 여러 남자를 만나기는 했지만 재혼하지는 않았어요.

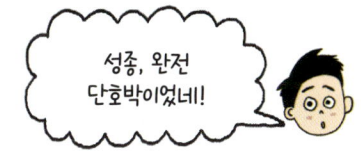

도망치지도 않았고요. 그런데 남편을 배신하고 도망쳐 재혼한 법을 적용한다니요? 터무니없는 죄목이었죠. 그러나 성종은 끝까지 결정을 바꾸지 않았어요.

조선 시대에 사형은 보통 선고를 한 뒤 실제 집행은 시간을 좀 가진 뒤에 했어요. 사형 집행을 미뤄서 그동안 누명을 벗을 기회를 주고, 형벌을 줄여 주는 감형이나 아예 없애 주는 사면을 받을 기회를 주었던 거지요. 그런데 어우동에게는 그런 기회가 주어지지 않았어요. 어우동은 성종이 사형을 선고한 바로 그날, 1480년 음력 10월 18일에 죽게 됩니다.

성종은 없는 법까지 끌어와 일벌백계할 정도로 어우동 사건을 심각하게 바라봤어요. 성종은 왜 법에서 벗어나 어우동에게 강력한 처벌을 내렸을까요? 어우동의 죽음을 발판 삼아서 성종이 만들고

싶었던 유교 국가의 여성은 어떤 모습이었을까요? 어우동이 죽고 5년 뒤에 반포된 〈경국대전〉을 보면 그 모습을 알 수 있어요. 여성에게 적용했던 법이 나와 있거든요. 대표적인 두 가지 법을 살펴볼게요.

> **경국대전**
> 한자로 다스릴 경(經), 나라 국(國), 큰 대(大), 법 전(典) 자로 나라를 다스리는 큰 법전이라는 뜻이다.

첫 번째는 재가녀 자손 금고법이에요. 재혼한 여성의 자손은 과거에 응시할 수 없다는 법이에요. 어떤 이유로든 이혼한 여성이 재혼을 하게 되면 자식의 앞길이 막히니 재혼을 생각할 수 없었죠. 한마디로 유교 국가의 여성은 '재혼 절대 금지!'라는 거예요.

재혼이 금지되니 경제적으로 먹고 살길이 막막한 여성들은 생존에 위협을 받기도 했어요. 흉년이 들면 굶어 죽을 위기에 처한 여성들이 적지 않았죠. 그래서 자식이 없는 젊은 여성에게는 재혼을 허락하자는 얘기가 나왔지만 받아들여지지 않았어요.

"재혼을 허락하면, 굶어 죽는다는 핑계로 정절을 지키지 않는 여성이 많아질 것입니다."

이게 반대하는 이유였지요. 재가녀 자손 금고법은 양반 사대부들로부터

> 사람 목숨보다 정절이 더 중요? 말도 안 돼!

시작해 점차 평민들에게까지 퍼져 나갔어요. 그리고 여성의 재혼은 비윤리적이라는 인식이 생기게 됐지요.

두 번째는 모르는 남녀가 서로 얼굴을 마주 대하지 못하도록 규제한 법, 내외법이에요. 유교 국가의 여성은 '남성과 접촉 절대 금지!'라는 거였죠.

사극 드라마에서 이런 장면을 한 번쯤 봤을 거예요. 집에 찾아온 남자 손님이 주인마님을 바로 앞에 두고도 여종에게 말을 전하고, 주인마님이 답하면 그 말을 또 여종이 남자 손님에게 전달하는 장면이지요. 서로 마주치는 것은 물론 남녀가 말을 섞지도 않는 모습이지요.

내외법은 양반 여성의 바깥 활동을 막는 근거가 됐어요. 밖에 나갔다가 남성을 마주치면 정절을 잃을 수 있으니, 아예 집안에만 머무르라는 것이었죠. 어쩔 수 없이 외출할 때는 장옷을 쓰고 얼굴을 가려야 했고, 가마도 아무도 모습을 볼 수 없게 사방이 다 막힌 옥교자를 타야 했어요.

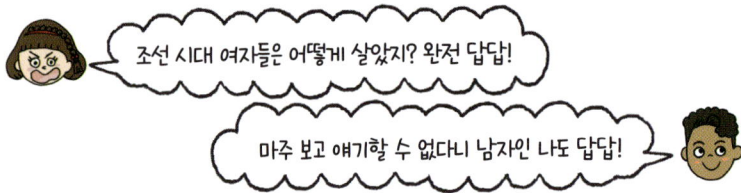

조선 초까지만 해도 고려 때의 풍속이 이어져 여성들은 자유롭게 살았어요. 그러다 성종 때에 유교적 틀에 맞춰 여성의 자유를 제한하기 시작했어요. 여성의 삶에 족쇄를 채운 거죠.

옥교자 →

← 장옷 입은 여인

우리가 흔히 생각하는 조선의 여성상이 이때부터 만들어졌다고 볼 수 있어요. 그런데 이렇게 바뀐 법을 여성들이 잘 따랐을까요?

성종이 세우려고 하는 유교 국가의 새로운 법은 기존의 자유로운 풍속과 계속 부딪혔어요. 사람들이 말을 잘 안 들은 거예요. 그런데 때마침 어우동이 어마어마한 사건을 터트렸죠.

성종은 어우동을 희생양으로 삼아 본을 보여야겠다고 생각했어요. 어우동에게 사형을 내리는 강수로 여성들을 향해 유교적 여성상에서 벗어나지 말라고 경고했죠. 유교 국가를 만들겠다는 성종의 의지는 그만큼 강했어요.

성종의 의지는 〈삼강행실도〉라는 책을 펴내 전국에 배포하는 것으로 이어졌어요. 〈삼강행실도〉는 조선과 중국의 효자, 충신, 열녀를 소개하여 유교의 기본 도리인 삼강을 백성들에게 일깨우는 책이에요.

〈삼강행실도〉는 원래 세종이 만든 책이에요. 1428년 진주에

사는 김화가 아버지를 살해한 사건이 일어나자 김화를 엄벌해 본을 보이자는 주장이 일어났어요. 그러나 세종은 엄벌을 주는 것만으로는 대책이 될 수 없다고 생각했어요.

　세종은 백성들에게 삼강을 가르쳐 잘 따르게 하고 싶었어요. 그래서 삼강의 도리를 글과 그림으로 설명한 책을 만들기 시작해 1434년에 〈삼강행실도〉를 펴냈어요. 일종의 유교 도덕 교과서였지요. 하지만 효과가 거의 없었어요. 글이 한자로 써 있으니 백성들이 읽을 수 없고, 관리들도 교육을 하는 데 소홀했거든요.

성종은 어우동 사건을 계기로 서둘러 이 책을 한글로 펴냈어요. 세종이 백성을 가르치기 위해 만든 한글을 성종이 널리 퍼뜨렸다고 할 수 있지요. 이렇게 성종은 유교 도덕이 백성들의 생활 속에 뿌리내리도록 애를 썼답니다.

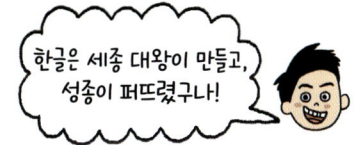

## 유교적 국가 기반의 완성, 역사·음악·법

세종에게 집현전이 있었다면, 성종에게는 홍문관이 있었어요. 또 성종의 지원을 받은 젊고 유능한 학자들이 꾸준히 공부해 풍성한 연구 결과물을 내놓았어요. 다양한 분야의 책이 성종 시기에 편찬된 거예요.

대표적인 책들을 살펴볼게요. 먼저 역사책인 〈동국통감〉을 펴냈어요. '동국'은 중국에 대해서 동쪽에 있는 나라, 곧 우리나라를 가리켜요. '통감'은 통할 통(通), 거울 감(鑑) 자로, 지나간 일을 거울로 보며 교훈으로 삼는다는 뜻이에요.

> **동국통감**
> 단군 조선부터 고려 말까지의 역사를 기록한 역사책. 세조의 명령으로 편찬 작업을 시작해 성종 때인 1485년 완성했다.

〈동국통감〉은 단군 조선의 건국 연도를 기원전 2333년으로 기록하고 있어요. 우리나라가 언제 시작되었는지 처음으로 구체적으로 밝혀 놓은 거예요. 이를 통해 조선이 유구한 역사와 정통성을 가진 나라란 걸 알려 주고 있지요.

다음으로, 일종의 음악 백과사전인 〈악학궤범〉을 편찬했어요. 여기서 음악은 왕실의 제사 등 궁중 행사를 할 때 연주하는 음악을 뜻해요. 공자는 음악이 사람의 마음을 조화롭게 해 준다고 했어요. 유교에서는 음악도 '예'를 나타내는 학문이자 수련으로 본 것이지요.

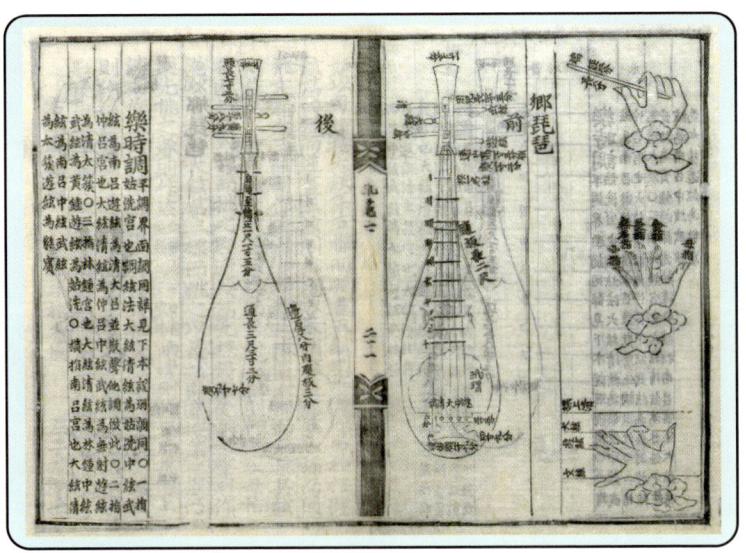
↑ 〈악학궤범〉

〈악학궤범〉에는 정읍사, 처용가 등 고려가요의 가사가 한글로 실려 있어요. 그리고 궁중 의식에서 연주하던 음악의 악기나 의상, 무대 장치 등을 글과 그림으로 자세히 설명해 놓았어요. 〈악학궤범〉은 우리가 오늘날 옛 음악에 대해 알 수 있게 해 주는 귀중한 문화재지요.

마지막으로 성종 최대의 치적이라 할 수 있는 〈경국대전〉을 펴냈어요. 〈경국대전〉은 유교 사상을 바탕으로 조선의 상황에 맞춰 만든 법전이에요. 〈경국대전〉은 사실 성종의 할아버지인 세조 때부터 만들기 시작했어요. 그러다 성종 때인 1485년에 완성하고 반포했으니, 완성하는 데 대략 70여 년이 걸린 셈이지요.

성종은 진짜 바빴겠다. 업적이 엄청 많아!

〈경국대전〉은 조선의 통치 체계인 이조, 호조, 예조, 병조, 형조, 공조의 '육조' 체계에 맞춰서 이전, 호전, 예전, 병전, 형전, 공전의 '육전' 체제로 구성되어 있어요. 예를 들어, 관리들의 출퇴근 시간이나 봉급에 관한 규정을 보려면 '이전'을 봤고, 과거 시험에 관한 규정은 '예전'에서 찾았어요. 또 형벌과 관련된 사항은 '형전'에서 규정을 찾았지요.

육조는 첫 번째 여행에서 배웠지!

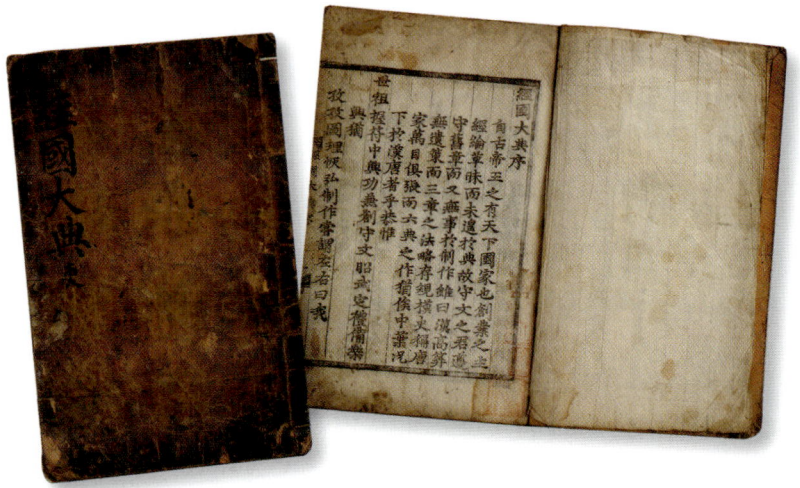
↑〈경국대전〉

 이제 조선은 왕이나 신하가 자기 마음대로 다스리는 나라가 아니라 〈경국대전〉에 규정된 법에 의해 다스리는 나라, 법치 국가로 자리 잡게 됐어요. 〈경국대전〉에서 가장 많은 내용을 차지하는 건 나랏일을 하는 관리에 대한 규정이에요. 관리가 일을 잘못했을 때 어떻게 처벌하는지에 대한 규정이 무려 절반을 차지하지요.
 '뇌물을 받은 관리는 곤장 80대를 치고, 그 자손은 과거를 볼 수 없게 한다.'
 '관리가 나쁜 일을 저지르거나 세금을 중간에서 가로채면 재산을 모두 빼앗는다.'

규정들이 꽤 엄격하죠? 그만큼 관리들의 도덕성과 책임을 매우 중요하게 여겼어요. 〈경국대전〉은 백성의 어려운 생활을 도와주는 일에 대한 내용도 많이 담고 있어요. 명확한 규정이 없어서 백성을 보호하지 못하는 일이 없도록 법을 만들어 구체적으로 명시한 것이지요.

## HTX VIP 보태기

### 〈경국대전〉 속에서 만나는 조선의 복지 정책

〈경국대전〉은 백성들의 일상생활을 어떻게 도울지 구체적인 규정으로 담아냈어요. 그 내용을 살펴볼까요?

- 부모가 아프거나 70세 이상이면, 아들은 군대에 가지 않아도 된다.
- 관리의 아내나 장인, 장모가 죽으면 15일의 휴가를 준다.
- 양반인데도 집안이 가난해 서른 살이 넘도록 결혼을 하지 못한 여성에게는 나라에서 결혼 비용을 지원한다.
- 관청에서 일하는 여종에게는 아이를 낳기 전 30일, 낳은 후 50일 휴가를 주고, 남편에게는 아이가 태어난 뒤 15일 휴가를 준다.
- 재해로 농사를 망치거나 병들어 농사짓지 못한 경우, 세금을 면제한다.
- 세쌍둥이를 낳으면 아들딸을 구분하지 않고 일년치 식량을 내준다.

조선은 백성을 나라의 근본으로 삼고 매우 귀하게 여겼어요. 그래서 죄인이라도 함부로 대하지 않았어요. 죄를 지었어도 백성은 백성이라는 것이죠. 백성이 지은 죄보다 무거운 벌을 받지 않도록 죄목과 형벌을 명확히 했고, 감옥에 갇힌 죄수들의 고통을 줄여 주기 위해서도 노력했어요. 여기서 퀴즈!

**Q** 〈경국대전〉에 따르면,
날이 더워지는 6월이 되면
감옥에 갇힌 죄수에게 '이것'을 주었어요.
이것은 무엇일까요?

아이스크림이요!
날이 더울 때는 아이스크림이 최고!

조선 시대에 무슨 아이스크림이야?
게다가 죄지은 사람한테 그렇게 맛있는 걸 주겠니?

우아, 만세가 정답에 아주 가까워요!
아이스크림과 비슷한 거예요.

쌤, 그럼 얼음이요!

정답!

정말요? 냉장고도 없는데 얼음을 어떻게 한여름에 줬나요?

조선 시대에는 한겨울에 모아 둔 얼음을 얼음 창고에 보관해
두었다가 여름철에 사용했어요. 아주 귀한 음식이었기 때문에
주로 왕실 제사 때 내놓았어요. 그리고 왕실 가족이나 일흔
살이 넘은 관료 등 지배층 일부만 얼음을 받을 수 있었어요.
하지만, 한여름 무더위에 죄수가 열병에 걸려 죽기라도 하면
안 된다고 생각했기 때문에 얼음을 나눠 줘서 병에 걸리지
않게 했던 거예요. 뿐만 아니라 죄수들의 건강을 해치지
않게 감옥을 깨끗이 관리하도록 특별히 주의시키기도 했어요.

〈경국대전〉에는 정치, 사회, 문화 등 조선 사회의 모습이 속속들이 들어 있어요. 그래서 일제 강점기 때 일본이 조선을 지배하기 위해 가장 먼저 본 책이 〈경국대전〉이었다고 해요. 〈경국대전〉의 조항들을 하나하나 꼼꼼히 분석해서 조선이 어떤 나라인지 알고 식민 통치를 쉽게 하려고 했던 거예요.

성종은 유교 질서를 확립하고자 재위 기간 내내 노력했어요. 그래서 성종이 나라를 다스리는 동안 조선은 세종 대왕 때에 버금갈 만큼 태평성대를 누렸지요. 성종에 이어 왕이 된 그의 아들, 연산군은 아버지가 이뤄 놓은 태평성대를 계속 이어 나갔을까요? 우리 역사를 벌거벗겨 보는 여행, 연산군의 시대로 가 볼게요.

# 3장 연산군의 즉위와 사화

폭정으로 유교 국가를 무너뜨린 폭군, 연산군

우아, 엄청 긴 돌기둥이에요!

서울에 있는 장의사지 당간지주예요.

당간지주는 불화를 걸기 위해 세우는 기둥이랍니다.

우리가 지금 온 곳은 장의사지 당간지주가 있는 서울 세검정로예요. 1494년 음력 12월 29일 이곳에서 성종의 명복을 비는 불교 의례가 열렸어요.

성종은 서른여덟 살이라는 젊은 나이에 죽고, 연산군이 조선의 10대 왕이 되었어요. 성종의 적장자로 왕위의 정통성이 있었던 왕 연산군은 즉위 초부터 신하들과 부딪히더니 결국 왕이 된 지 12년 만에 쫓겨나고 말아요. 이곳에서 열렸던 불교 의례가 바로 신하들과 갈등의 시작이었어요.

연산군은 왜 신하들과 갈등했고, 어쩌다가 왕 자리에서 쫓겨났을까요? 연산군이 재위한 12년 동안 무슨 일이 있었는지 지금부터 숨겨진 이야기를 벌거벗겨 볼게요.

↓ 불교 의례 수륙재

## 세자의 탄생과 쫓겨난 생모

1476년 음력 11월 7일, 드디어 성종의 뒤를 이을 아들 연산군이 태어났어요. 아들을 손꼽아 기다려 온 성종은 너무나 기뻤지요. 즉위한 지 7년 만에 후계자가 생긴 거니까요.

성종에게는 한명회의 딸인 첫 번째 중전 공혜 왕후가 있었지만, 안타깝게도 자식을 낳지 못하고 일찍 세상을 떠났어요. 그 뒤를 이어 중전의 자리에 오른 이는 후궁*이었던 윤씨였어요. 윤씨는 신숙주의 먼 외가 친척으로, 평소 행동이 바르고 검소해서 정희 왕후의 신임을 얻었어요. 더구나 배 속에 연산군을 잉태하고 있었기 때문에 중전이 될 수 있었지요.

> **후궁**
> 조선 시대에 왕이 왕비 외에 둔 부인. 후궁이 낳은 아들은 왕자, 딸은 옹주의 칭호를 받았다.

윤씨는 중전이 된 그해, 경복궁 교태전에서 연산군을 낳았어요. 연산군의 탄생은 조선 왕실의 경사였어요. 이때까지 조선의 왕 가운데 적장자로서 왕위에 오른 왕은 5대 문종, 6대 단종뿐이었어요. 하지만 문종은 일찍 죽고, 단종은 숙부였던 7대 세조에게 왕위를 뺏기고 죽임을 당했어요. 그러니 오랜만에 적장자 왕위 계승을 할 세자의 탄생이 기쁠 수밖에요.

성종은 연산군의 탄생을 기념해 사면을 내리고 백성들과 함

께 기쁨을 나누었답니다. 그런데 안타깝게도 이 기쁨은 오래 가지 못했어요. 연산군이 네 살 되던 해에 엄청난 사건이 터지고 말았거든요.

　1479년 음력 6월 1일, 그날은 중전 윤씨의 생일이었어요. 윤씨는 곱게 단장하고 성종을 기다렸지요. 그런데 이게 웬일인가요? 성종은 그날 다른 후궁의 처소에 갔어요. 이 사실을 알게 된 윤씨는 곧바로 후궁의 처소로 달려갔어요.

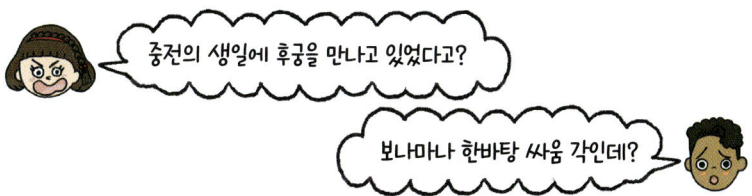

　중전 윤씨는 후궁을 내쫓은 뒤, 성종과 부부싸움을 했어요. 말싸움은 금세 몸싸움으로 번졌어요. 그러다 윤씨는 실수로 성종의 얼굴에 손톱자국을 내고 말았지요. 이 일로 성종은 크게 화를 냈고, 바로 다음 날 윤씨를 중전에서 폐위하고 궁궐 밖으로 쫓아냈어요.

　여러분, 성종이 좀 매정하게 보이지 않나요? 왕의 얼굴에 손톱자국을 낸 건 큰 실수이긴 하지만, 그렇다고 바로 중전을 내쫓다니요. 그런데 사실 윤씨를 중전에서 폐위하자는 얘기는 이전에도 나온 적이 있었어요.

1477년, 윤씨가 질투심에 후궁을 해치려 한다는 소문이 퍼진 적이 있었어요. 성종은 소문을 확인하기 위해 윤씨의 처소를 급습했는데 독약과 독약을 바를 곶감이 발견됐어요. 사람을 해치는 방법이 자세히 적힌 종이도 함께 발견

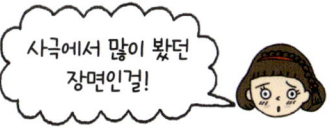

됐고요. 하지만 윤씨가 용서를 빌었고, 신하들이 윤씨가 세자의 생모라는 이유로 폐위를 반대했기 때문에 성종은 이 일을 넘어갔지요.

성종이 후궁들을 가까이하는 일이 많자 윤씨의 질투심은 점점 커져만 갔어요. 단지 마음속으로 질투했으면 괜찮았을 텐데 도를 넘는 행동을 하는 경우가 많았어요. 윤씨는 분노를 잘 참지 못하는 성격 장애가 좀 있었나 봐요. 그래서 성종은 중전 윤씨가 악행을 저지르지 않을까 늘 걱정했어요. 〈성종실록〉에는 성종이 이런 말을 했다는 기록이 있어요.

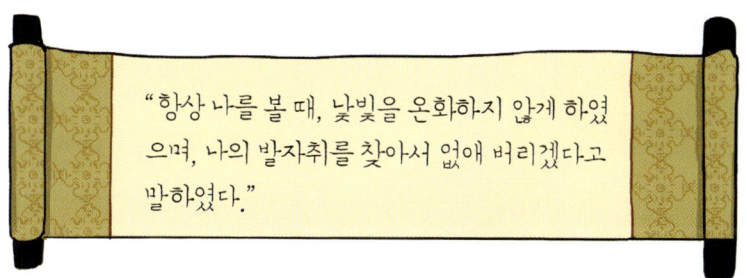

"항상 나를 볼 때, 낯빛을 온화하지 않게 하였으며, 나의 발자취를 찾아서 없애 버리겠다고 말하였다."

성종과 중전 윤씨의 사이가 얼마나 좋지 않았는지 알겠지요?

그러던 중 윤씨가 성종의 얼굴에 손톱자국을 내는 사건이 일어났고, 이 사건은 윤씨를 폐위시키는 결정적인 이유가 됐던 거지요. 성종은 윤씨를 폐위시키면서 신하들에게 이렇게 말했어요.

"중전은 질투심이 많았소. 내가 몇 해 전에 중전이 후궁을 죽이려 한 음모가 밝혀져 폐위하려 했으나 경들의 반대로 하지 못했소. 나도 중전이 잘못을 뉘우쳐 달라지길 바랐거늘, 질투심은 심해지기만 하여 중전으로서 모범이 될 수 없소. 그러니 중전을 폐하고 궁궐에서 내쫓는 것이 마땅하오."

성종은 윤씨를 쫓아낸 것도 모자라 3년 뒤에는 윤씨에게 사약을 내리고 말아요. 윤씨가 생을 마감한 해는 1482년, 연산군이 일곱 살 되던 해였지요.

어린 나이에 어머니를 잃은 연산군! 그것도 아버지가 어머니를 죽였다는 건 일곱 살 아이가 받아들이기 힘든 충격적인 사건이에요. 그런데 놀랍게도 연산군은 별 반응이 없었어요.

내 아들도 못 보고 죽다니…….

자신의 어머니가 죽은 걸 까맣게 몰랐거든요.

성종은 아들 연산군에게 폐비 윤씨의 죽음과 관련된 일을 비밀로 했어요. 그래서 연산군은 폐비 윤씨에 이어 새 중전이 된 세 번째 왕비, 정현 왕후가 자신의 친어머니인 줄로만 알고 자랐지요.

## 괴팍한 성격과 문리 불통

성종은 폐비 윤씨가 사약을 받고 죽은 다음 해에 연산군을 세자로 책봉했어요. 윤씨가 죽었어도 연산군이 적장자라는 사실은 변하지 않으니까요. 또한 그때까지는 연산군 말고 아들이 없어서 선택의 여지가 없기도 했어요.

어머니가 죽은지도 모르고 자랐던 연산군의 어린 시절은 어땠을까요? 여러 기록들을 종합해 보면, 연산군은 말을 안 듣는 편이었던 것으로 보여요. 성종은 연산군의 탄생을 무척 기뻐했지만, 연산군 때문에 걱정이 끊이지 않았어요.

하루는 이런 일이 있었어요. 성종이 연산군과 함께 산책할 때였어요. 성종은 사슴을 반려동물로 키우고 있었는데, 그 사슴이 연산군에게 다가왔어요. 그러고는 연산군의 손을 핥았어요. 여느 아이라면 사슴을 귀여워하며 좋아했을 거예요. 그런데 연산군은 질색을 하면서 그 사슴을 발로 '뻥!' 걷어차 버렸어요. 자신의 손에 더러운 침을 묻혔다는 거였죠.

성종은 눈앞에서 자신이 아끼는 사슴을 차 버린 연산군을 보고 크게 놀랐어요. 그 자리에서 연산군을 꾸짖었지요.

"사슴이 너를 따른 것인데, 어여뻐하지는 못할망정 그리 잔인하게 굴면 되겠느냐!"

딱 봐도 연산군의 성격이 좀 이상하죠? 또 이런 일도 있었어요. 연산군이 할머니 소혜 왕후에게 술을 올려야 하는 자리에 빠진 거예요. 성종이 급히 궁녀를 보내 연산군에게 오라고 했어요. 그런데 연산군은 예를 갖춰야 하는 자리가 불편했나 봐요. 자신을 부르러 온 궁녀에게 이렇게 말했다고 해요.

**소혜 왕후**
성종의 어머니로, 인수 대비로 불리기도 한다.

"가서 내가 아프다고 해라. 그렇게 하지 않으면 훗날 널 죽이겠다!"

　한마디로 협박이었죠. 궁녀는 두려움에 덜덜 떨며 성종에게 연산군이 아프다고 아뢰었어요. 성종은 그 말이 거짓인 줄 알고 언짢았지만 더 뭐라 하지 않았어요. 연산군이 아버지 성종이 부르는데도 오지 않은 적이 한두 번이 아니었던 거예요. 연산군의 성격도 문제였지만, 무엇보다 성종이 걱정했던 건 연산군이 공부를 게을리한다는 것이었어요.

　성종이 누군가요? 조선의 왕 중 경연을 가장 많이 한 왕이자 공부라면 둘째가라면 서러워할 공붓벌레잖아요. 그런 성종과 달리 연산군은 공부보다 시를 쓰거나 노래하거나 춤추는 걸 훨씬 좋아했어요. 실제로 연산군은 조선의 왕 중 가장 많은 120여 편의 시를 남긴 왕으로 유명하지요.

연산군은 열두 살에 성균관 입학례를 치르고 본격적인 제왕 수업을 시작했어요. 하지만 5년이 지나도록 학문이 나아지지 않았어요. 결국 성종은 특단의 조치를 내렸어요.

**성균관 입학례**
세자가 유학 교육 기관인 성균관에 입학할 때 하는 의식이다.

"세자는 지금 열일곱 살인데도 문리를 이해하지 못하니 매우 걱정이오. 앞으로는 서연관들이 겉으로 드러나지 않는 글의 숨은 뜻과 심오한 의미를 모두 정밀하게 해석하여 세자에게 가르치도록 하시오."

문리는 글의 뜻을 깨달아 아는 힘을 뜻해요. 옛 사람들은 글 속에 세상의 이치가 담겨 있다고 생각했고, 세상의 이치를 아는 건 한 나라를 통치하는 왕이 꼭 갖춰야 할 자질이라고 보았어요.

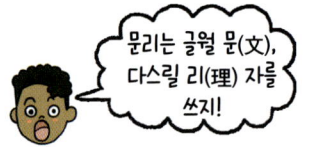
문리는 글월 문(文), 다스릴 리(理) 자를 쓰지!

성종은 서연관들에게 연산군이 문리를 깨칠 수 있도록 특별 수업을 하라고 지시했어요. 하지만 연산군은 공부가 정말 싫었나 봐요. 조선 중기의 조정 신료들과 왕실에 대한 다양한

이야깃거리를 싣고 있는 〈사재척언(思齋摭言)〉에 이런 일화가 있어요.

세자 시절 연산군에게는 허침과 조지서, 두 명의 스승이 있었어요. 그들은 당시 학문과 명망이 높아 성종이 직접 서연관으로 발탁한 사람들이었어요. 두 스승은 성격부터 세자를 가르치는 방법까지 정반대였어요. 조지서는 엄하고 깐깐한데 비해 허침은 너그럽게 세자를 감싸 주었지요. 연산군이 핑계를 대며 서연에 자주 빠지던 어느 날, 조지서가 이렇게 말해요.

"세자 저하께서 학문에 힘쓰지 않으시면 신은 마땅히 전하께 아뢰겠습니다."

이 말을 들은 연산군의 기분은 어땠을까요? 당연히 좋지 않았을 거예요. 연산군은 언제나 자신을 부드럽게 타이르는 허침과 달리 아버지 성종에게 이르겠다며 자신을 으르는 조지서가 못마땅했어요. 그래서 벽에 이런 낙서를 했어요.

"조지서는 작은 소인(小人)이요, 허침은 큰 성인(聖人)이다."

조지서는 마음 씀씀이가 좁은 소인배, 그릇이 작은 사람이라는 거죠. 연산군은 조지서가 자신에게 하기 싫은 공부를 하라고 강요하는 것이 싫었어요. 누가 이래라 저래라 하는 걸 잘 참지 못하는 성격이었던 거죠.

게다가 연산군은 조지서가 성종에게 잘 보이기 위해서 자신을 윽박질한다고 생각했어요. 그래서 벽에 스승을 흉보는 글을 써 놓는 것으로 자신의 불편한 마음을 드러낸 거예요.

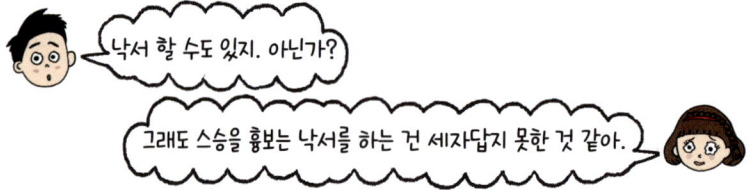

낙서 할 수도 있지. 아닌가?

그래도 스승을 흉보는 낙서를 하는 건 세자답지 못한 것 같아.

연산군은 공부하기를 좋아하고 동물을 사랑했던 아버지 성종과는 완전히 달랐어요. 연산군을 늘 걱정했던 성종은 1494년 음력 12월 24일, 서른여덟 살이라는 젊은 나이에 병으로 세상을 떠났어요. 그리고 연산군이 12년간의 제왕 수업을 마치고, 조선의 10대 왕이 되었어요. 여기서 퀴즈!

**Q. 연산군은 즉위한 당일 충격적인 일을 벌여요. 아버지 성종과도 연관이 있는 이 일은 무엇일까요?**

 성종이 읽으라고 했던 책들을 불태웠을까? 공부하기 싫어했으니까 책을 없애 버린 거지.

 그건 좀 약한걸? 조지서한테 했던 것처럼 벽에 아버지 성종을 흉보는 낙서를 했을까?

 그랬다면 정말 충격이지. 연산군이 진짜 못됐어도 아버지를 흉보는 짓까지는 안 했을 것 같아. 그런 것보다는 뭔가 공포스러운 일인 것 같은데…….

힌트 줄게요. 연산군의 어린 시절과도 관련 있어요.

 설마, 설마 성종이 아끼던 사슴을 혹시 죽였어요?

정답! 조선 후기의 학자 이긍익이 쓴 〈연려실기술〉에 따르면 연산군은 즉위 첫날, 그 사슴을 화살로 쏴 죽였다고 해요. 아버지 성종에게 꾸지람을 듣게 만든 사슴에게 그때 못한 화풀이를 한 것이지요. 연산군은 자신이 한 잘잘못과는 관계없이 자신을 질책하고 위협한 존재를 용서하지 않았어요. 사람에게도 그랬으니, 말 못하는 동물한테는 더했겠지요.

### 연산군과 삼사의 갈등, 수륙재 논쟁

연산군은 왕위를 계승하는 과정에서 잡음이 많았던 여러 윗대 왕들과는 달리 매우 순조롭게 왕위에 올랐어요. 성종의 적장자로 태어나 일곱 살에 세자가 되었고, 12년 동안 제왕 수업을 받고 열아홉 살에 왕이 되었으니 가장 이상적인 과정을 거쳤지요.

연산군은 어린 시절부터 뭐든 자기 뜻대로만 하고 싶어 했어요. 드디어 왕이 되었을 때, 연산군은 어땠을까요? 당연히 모든 걸 자신이 원하는 대로 할 수 있는 강한 왕권을 갖고 싶었을 거예요. 하지만 연산군은 즉위하자마자 벽에 부딪힙니다. 사사건건 "전하, 아니 되옵니다."를 외치는 신하들이 너무 많았거든요.

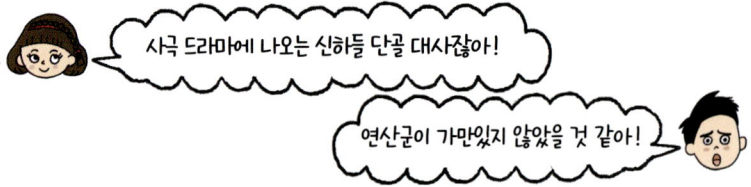

"전하, 아니 되옵니다."를 외쳤던 이들은 대체 누구였을까? 성종이 새롭게 등용한 세력이 있었지요? 바로 사림! 이들 대부분은 삼사라는 언론 기관에서 일을 하는 대간들이었지요.

대간은 왕이 정치를 잘할 수 있도록 비판하는 역할을 하는 관리예요. 그러니 연산군이 잘못된 일을 하려 하면 쓴소리하기를 주저하지 않았지요. 하지만 연산군은 이런 대간들이 못마땅했어요. 누가 간섭하는 걸 싫어하고, 자기가 하고 싶은 일은 꼭 해야 직성이 풀리는 성격 때문이었죠.

연산군은 즉위한 다음 날부터 대간들과 기 싸움을 시작했어요. 바로 아버지 성종의 제사, 수륙재\* 때문이었어요. 수륙재는 이전부터 계속해 왔던 왕실의 제사인데 왜 문제가 되었을까요? 대간들이 반대한 이유는 이랬어요.

> **수륙재**
> 장수와 명복을 비는 불교식 제사 의례를 말한다.

↑ 성종의 능인 선릉

"전하, 수륙재는 불교를 숭상하는 행동이옵니다. 수륙재를 행하는 것은 유교를 숭상했던 선왕의 뜻을 거스르는 불효일 뿐 아니라 나라의 질서를 어지럽히는 일이옵니다. 전하, 명을 거두어 주시옵소서."

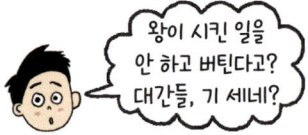
왕이 시킨 일을 안 하고 버틴다고? 대간들, 기 세네?

유교 질서를 추구한 성종에게 불교 제례를 할 수 없다는 거였지요. 대간들은 연산군이 제사를 위해 글을 지어 올리라 했던 일도 못하겠다고 버텼지요.

연산군이 어떻게 했을까요? 그대로 수륙재를 강행해 버렸어요. 우리가 HTX를 타고 왔던 서울 장의사에서요. 그리고는 끝까지 반대를 하는 대간들과 성균관 유생들을 의금부에 가두어 버렸어요. 성종의 수륙재를 둘러싼 갈등은 이후로도 한 달 넘게 이어졌지요.

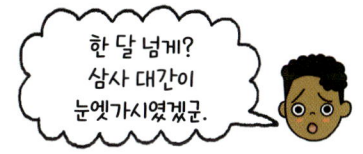

이런 와중에 성종의 묘호를 둘러싼 논쟁까지 더해졌어요. 묘호는 왕이 죽은 뒤에 업적을 기리어 붙이는 이름을 말해요. 우리가 부르는 왕의 이름은 모두 왕이 죽은 뒤에 붙여진 이름이랍니다.

삼사의 대간들은 '어질 인(仁)' 자를 써 인종이라 하자고 주장했고, 영의정 윤필상을 중심으로 한 원로대신들은 백성을 편하게 하고 덕을 이뤘으니 '이룰 성(成)' 자를 써 성종이라 해야 한다고 주장했지요. 고심 끝에 연산군은 원로대신들의 의견을 받아들여 묘호를 '성종'으로 결정했어요.

그런데 이틀 뒤, 연산군의 심기를 건드리는 일이 일어나요. 홍문관 관리인 성세명이 묘호를 '인종'으로 고칠 것과 '성종'을 주장한 대신들을 벌하라는 내용의 상소를 올렸어요. 연산군은 화가 폭발했어요.

> **성세명**
> 세조 때 과거 급제하여 성종 때 여러 벼슬을 지낸 사람으로, 연산군에게 여러 쓴소리를 했다.

왕이 이미 결정을 내린 문제를 다시 꺼내 끝까지 자신들의 뜻을 굽히지 않는 것에 분노했지요.

연산군은 성종이 왕의 잘잘못을 따지고 비판하는 삼사의

역할을 키우는 바람에 왕의 힘이 약해졌다고 생각했어요. 강한 왕권을 꿈꿨던 연산군에게 삼사가 하는 얘기들은 듣기 싫은 소리였고, 참기 힘든 일이었죠. 이렇게 연산군은 즉위한 직후부터 삼사에 대한 분노를 차곡차곡 쌓아 갔어요.

 **HTX VIP 보태기**

**연산군과 삼사가 대립한 까닭**

경연에 적극적이었던 성종은 문치를 지향하면서 삼사에서 근무하는 젊은 엘리트 관료들을 우대해 주었어요. 그 결과 국정 운영에 삼사가 미치는 영향력이 커졌지요. 연산군이 즉위했을 당시에도 그랬어요. 대간들은 어떤 날은 한 가지 주제로 하루에 열한 번 간언하기도 하고, 어떤 경우에는 짧게는 한 달, 길게는 다섯 달까지 비판을 계속했어요. 즉위하자마자 수륙재 거행 문제로 시작된 연산군과 삼사 대간들의 갈등은 이후 우의정 임명 문제, 외척의 편을 든다는 문제 등을 놓고 계속 이어졌답니다.

특히 연산군의 신경에 거슬렸던 것은 '능상'이었어요. 능상은 아랫사람이 윗사람을 무시하는 것을 뜻해요. 연산군은 대간들이 자신을 왕으로 인정하지 않고 가르치려 든다고 여겼어요. 일종의 피해 의식이었죠.

연산군은 '능상'을 자주 거론했고, 능상을 반드시 바로잡아야 할 폐단이라 했어요. 연산군은 이 폐단을 없애고 왕의 힘을 되찾으리라 마음먹었어요. 연산군이 폐단을 저지르는 이들로 주목한 대상은 삼사였죠.

　삼사의 입장에서도 불만은 있었어요. 연산군은 세자 시절부터 공부를 좋아하지 않더니 왕이 되어서도 자주 경연에 빠졌어요. 삼사와의 소통에도 적극적이지 않았지요. 당연히 연산군과 삼사는 계속해서 부딪칠 수밖에 없었어요. 결국 조선을 발칵 뒤집어 놓는 사건이 일어나지요.

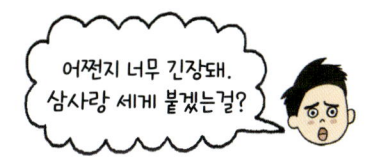

### 조선 최초의 사화, 무오사화

　연산군이 왕위에 오른 지 4년이 되던 1498년 음력 7월, 재상들과 사헌부, 사간원, 홍문관 삼사의 관리들이 한 자리에 모여 있었어요. 그런데 그들 뒤로 검은 그림자가 보이기 시작해요. 수십여 명의 병사들이었지요. 갑자기 들이닥친 병사들의 손에는 철쇄가 들려 있었어요. 병사들은 순식간에 관리들을 무자비하게 끌고 나갔어요. '무오사화'의

서막이 열렸어요.

여러분, '화를 입다.' 혹은 '화를 당하다.'라는 말을 들어 본 적 있나요? 이때 쓰는 '화' 자가 무오사화의 '화'와 같은 한자인 재앙 화(禍) 자예요. 무오는 1498년을 가리키는 이름이니까 무오사화는 무오년에 선비들이 화를 입은 사건이란 뜻이 되지요. 무오사화는 조선 최초로 일어난 사화이자 연산군이 일으킨 첫 번째 사화랍니다.

무오사화는 김일손이 쓴 사초 때문에 시작됐어요. '사초'란 말이 좀 낯설지요? 왕이 죽게 되면 그 왕의 행적들을 정리해서 '실록'을 만들어요. 우리나라의 국보이자 세계 문화유산인 〈조선왕조실록〉이 대표적인 실록이죠. 실록은 〈태조실록〉, 〈태종실록〉처럼 왕별로 되어 있는데, 이 실록을 만드는 기본 자료가 사초예요.

> **실록**
> 역대 왕들이 재위 기간 동안 한 일을 날짜 순서에 따라 적은 기록을 말한다.

당시 김일손은 〈성종실록〉을 편찬하고 있었는데, 성종을 소개하는 글을 쓰기 위해 성종의 할아버지인 세조 이야기를 사초로 넣었어요. 그런데 그중에 세조가 했던 잘못을 쓴 기록이 발견된 거예요.

연산군은 사초를 보고 불같이 화를 냈어요. 세조의 잘못을 사초로 남겨 '세조=나쁜 사람'이라고 못 박으려 하니까요.

**HTX VIP 한국사 보태기**

## 무오사화의 발단이 된 사초

김일손은 김종직의 제자로, 사림 세력이었지요. 김일손은 〈성종실록〉을 만들면서 세조가 저지른 패륜을 사초로 남기려고 했어요. 그 내용이 무엇이었기에 연산군이 화를 냈을까요?

**사초 1** — 세조가 자신의 아들이자 성종의 아버지였던 의경 세자의 후궁 권씨를 불러들였지만, 분부를 따르지 않았다.

후궁 권씨는 의경 세자가 스무 살에 죽어 홀로된 상태였어요. 김일손은 그런 며느리를 시아버지인 세조가 부인으로 맞이하려 했다고 했어요.

**사초 2** — 세조가 조카였던 단종의 어머니이자 자신의 형 문종의 아내였던 현덕 왕후의 관을 무덤에서 파내 버렸다.

김일손은 세조가 자기 형의 아내인 현덕 왕후의 관을 파내는 극악무도한 짓을 했다고 적어 놓았어요.

**사초 3** — 단종의 시체는 한 달이 넘도록 숲속에 버려져 있었고, 그 이후 어떻게 되었는지 알 수가 없게 되었다.

김일손은 세조가 단종의 시신을 방치했다고 적었어요. 사초는 모두 다 세조가 끔찍한 패륜 행각을 저질렀다는 기록이죠.

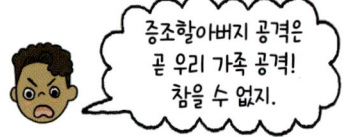

사초에 따르면, 세조는 잘못을 저지른 왕이에요. 그렇다면 세조의 왕위를 이어 받은 손자인 성종, 증손자인 연산군도 제대로 된 왕이 아니라는 뜻이 돼요. 안 그래도 '능상'에 신경이 곤두선 연산군은 당장 명을 내렸어요.

"이 글을 쓴 김일손이라는 자를 당장 잡아들여라!"

이 때 공작 정치의 달인, 간신의 아이콘인 유자광이 연산군의 화를 키우는 불씨를 가져다 바쳐요. 바로 김일손의 스승 김종직이 쓴 '조의제문'이에요. 유자광은 '조의제문'의 구절구절을 뜻풀이하고, 김종직을 처벌해야 한다는 글을 올리지요. 이걸 본 연산군은 완전히 뚜껑이 열려 버려요. 도대체 어떤 내용이기에 연산군의 화가 폭발한 걸까요?

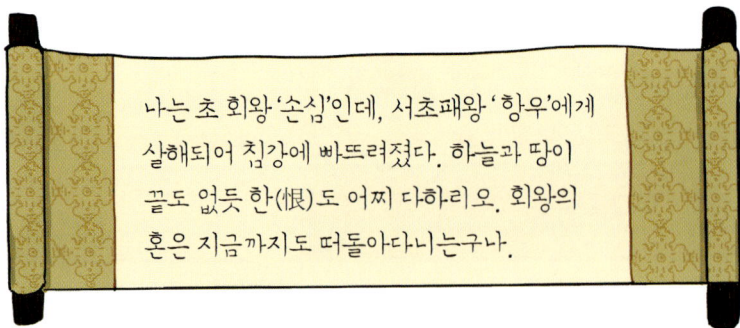

나는 초 회왕 '손심'인데, 서초패왕 '항우'에게 살해되어 침강에 빠뜨려졌다. 하늘과 땅이 끝도 없듯 한(恨)도 어찌 다하리오. 회왕의 혼은 지금까지도 떠돌아다니는구나.

'조의제문'은 '의제의 죽음을 애도하는 글'이라는 뜻이에요. 옛날 중국 초나라에서 항우라는 사람이 의제라는 왕을 죽여 강물에 던져 버린 일에 관한 내용이지요. 유자광은 '조의제문'이 왕을 죽인 항우를 세조에, 죽임을 당한 의제를 단종에 비유하고 있다고 했어요. 한마디로 세조가 조카인 단종을 죽이고 왕위에 올랐다고 비판하는 내용이라는 것이죠. 그러면서 유자광은 김종직이 세조 이후 지금까지 이어진 왕실의 정통성을 부정하고 있다고 했어요.

연산군은 그동안 사사건건 반대만 하는 삼사가 마음에 들지 않았어요. 그런데 김일손의 사초에 이어 김종직의 '조의제문'까지 화를 참을 수 없는 일이 일어난 거예요. 연산군은 이번 사건을 왕권에 대한 언론 삼사의 도전으로 받아들였어요. 이 기회에 삼사를 완전히 무너뜨리기로 하지요.

연산군은 '조의제문'을 쓴 김종직, 사초를 쓴 김일손을 비롯한 삼사 관료들을 모조리 엮어 한꺼번에 52명이나 처벌했어요. 사건의 중심이었던 김일손 등 여섯 명을 사형시켰고, 무오사화가 일어나기 6년 전에 죽은 김종직은 무덤에서 시신을 꺼내 처형을 하는 끔찍한 형을 내렸지요. 그리고 서른한 명은 멀리 유배를 보냈고, 열다섯 명은 벼슬자리에서 내쫓았어요.

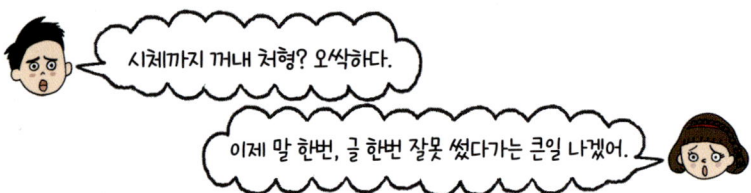

무오사화는 피바람 끝에 막을 내려요. 연산군은 무오사화로 대간으로 대표되는 사림 세력의 기세를 꺾어 놓았어요. 왕권을 견제하는 삼사 언론을 무너뜨려 왕의 힘을 강하게 만들겠다는 목표를 이룬 것이죠.

## 연산군의 폭정과 다시 시작된 삼사의 간쟁

연산군은 무오사화 이후 강한 왕권을 갖게 됐어요. 강한 왕권을 백성을 위해 쓰면 좋으련만 연산군은 그렇게 하지 않았지요. 연산군은 오직 자신을 위해서만 힘을 썼어요. 연회, 사치, 사냥 등 자신이 하고 싶은 것을 하는 데 왕권을 제한 없이 쓴 거예요.

무오사화 이전까지만 해도 연산군은 나랏일에 매진하라는 대간들의 간언을 수없이 들으며 눈치를 봐야 했어요. 하지만 이제 그럴 필요가 없었죠.

연산군은 궁궐의 담을 높게 쌓아 안을 들여다 볼 수 없게 하고, 궁궐 가까이에는 집을 짓지 못하게 했어요. 궁궐 주변이나 궁궐을 내려다볼 수 있는 높은 곳에 있던 민가는 철거해 버리고, '금표'라는 비석을 세웠어요. 금표에는 '금표 안을 무단으로 침입할 경우 목을 베는 처형을 한다.'는 문구를 새겨 백성들의 통행을 엄격히 막았어요.

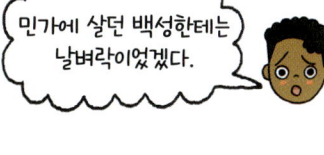

연산군은 금표까지 세우고 그 안에서 무엇을 했을까요? 연산군은 매일 연회를 벌여 술을 마시고 놀았어요. 금표를 세운 건 결국 백성들에게 노는 모습을 들키지 않기 위해서였지요.

연산군은 사치에도 빠졌어요. 소라 껍데기로 만든 술잔, 공작 날개, 흰고래 수염 등 구하기 쉽지

연산군 때 세워진 금표 비석 ↑

않은 진상품을 사들였어요. 이렇게 돈을 펑펑 쓰니 나라 곳간이 남아날 리 없겠지요? 무오사화가 있던 1498년부터 당장 나랏돈이 모자라게 됐어요.

연산군은 백성들에게 세금을 더욱 많이 걷는 방법으로 진상품을 사들이는 비용을 충당했어요. 백성들을 쥐어짜 자신의 사치 욕심을 채운 거예요.

연산군의 폭정으로 백성들의 고통이 커지자 신하들이 하나둘 다시 목소리를 내기 시작했어요. 1502년, 영의정, 우의정, 좌의정 대신들이 연산군에게 한 해 나랏돈의 지출에 대해 보고

를 하며 이렇게 말했어요.

"전하, 진상품을 사들이는 데 나랏돈을 함부로 써서는 아니 되옵니다."

연산군이 그토록 듣기 싫어하는 "전하, 아니 되옵니다." 하는 소리가 또 나왔죠. 이후에도 신하들은 자주 연산군에게 씀씀이를 줄일 것을 간언했어요. 연산군은 신하들의 '능상'이 또 시작됐다고 생각했어요. 무오사화 때 확실하게 신하들의 힘을 누르지 못해 이들이 다시 간쟁을 시작한 거라고 판단했지요.

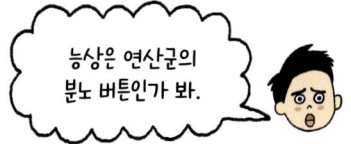

연산군은 이번에도 대규모의 숙청을 결심합니다. 그리고 이 결심은 성종이 '비밀'에 부친 사건이 밝혀지면서 '피의 복수극'으로 이어집니다. 바로 '갑자사화'가 시작된 거예요.

## 피의 숙청, 갑자사화

1504년 음력 3월 19일, 연산군은 이날 임사홍, 임숭재 부자가 사는 집에 가서 함께 술을 마시고 있었어요. 두 사람은 연산군과 매우 가까운 신하들로, 자주 술잔을 나누는 사이였어요. 그런데 그날따라 임사홍의 얼굴이 어두웠어요. 연산군이 대체 무슨 일이냐고 묻자 임사홍이 조심스럽게 입을 열었어요.

"전하, 폐비의 일이 애통합니다!"

임사홍은 연산군의 어머니 폐비 윤씨 사건의 전모를 밝히기 시작했어요. 임사홍은 성종의 후궁 엄씨와 정씨의 모함으로 윤씨가 죽임을 당했다고 말했어요. 연산군은 임사홍의 얘기에 곧바로 자리를 박차고 일어나 궁궐로 향했어요.

 **HTX VIP 보태기**

### 연산군이 윤씨의 죽음을 알게 된 시기

연산군은 정말 이때 처음으로 어머니 폐비 윤씨의 죽음을 알았을까요? 사실 연산군은 어머니의 죽음을 이미 알고 있었어요. 즉위한 지 얼마 안 되었을 때 성종의 묘지문에서 처음 보는 외할아버지의 이름을 발견하면서 친모의 존재와 죽음을 알게 됐지요. 〈연산군일기〉 1495년 음력 3월 16일에 쓰여진 기사 중에는 다음과 같은 기록이 있어요.

"왕이 비로소 윤씨가 죄로 폐위되어 죽은 줄 알고, 수라를 들지 않았다."

연산군은 어머니의 죽음을 알고, 끼니까지 거를 정도로 슬퍼했지만, 그때까지도 어머니의 죽음에 대한 자세한 이야기는 알지 못했던 거예요.

연산군은 성종의 후궁이자 자신의 계모였던 엄씨와 정씨를 대궐 뜰로 끌어내 마구 때렸어요. 그러고는 엄씨와 정씨의 아들이자 자신의 이복형제인 안양군 이항과 봉안군 이봉을 불러내 명령을 내렸어요.

"이 죄인을 쳐라!"

갑자기 끌려 나온 이항과 이봉은 영문을 몰랐어요. 하필 그때는 칠흑같이 어두운 밤이었어요. 이항은 누구인지 얼굴을 살필 수 없어서 때렸지만, 이봉은 어머니인 줄 눈치채고 차마 때리지 못하고 벌벌 떨었어요. 그러자 연산군은 사람을 시켜 이항과 이봉의 눈앞에서 두 후궁을 마구 때려 숨지게 합니다.

연산군은 이항과 이봉의 머리채를 잡고, 할머니인 인수대비를 찾아갔어요. 그리고 이렇게 말하지요.

"할머니는 어찌하여 우리 어머니를 죽였습니까?"

손자 연산군의 끔찍한 패륜에 인수 대비는 큰 충격을 받아 몸져누웠고, 얼마 후 세상을 떠나고 말았어요.

한번 시작된 연산군의 폭주는 멈출 줄을 몰랐어요. 자신의 어머니 윤씨가 폐위되어 죽음에 이른 경위를 낱낱이 조사해 관련자들을 전부 찾아내라 명령했지요.

폐비 윤씨의 죽음에 찬성했거나, 동조한 자들뿐만 아니라, 모르는 체했던 자들까지 모두 처형 대상이 됐어요. 적극적으로 반대하여 막지 못했다는 것이 이유였지요. 이때도 연산군은 '능상'을 내세우며 분노에 찬 목소리로 말했어요.

내 어머니의 원수를 갚겠다!

"선왕의 잘못된 판단을 저지하지 못하여 현재의 국왕을 극심한 슬픔 속에 빠뜨렸다. 이것 또한 심각한 '능상'이다."

연산군은 폐비 윤씨 사건을 신하들의 '능상'으로 못 박고, 온갖 잔인한 형벌을 동원해 대대적인 숙청을 했어요. 사건과 관계되어 잡힌 모든 신하들이 재산을 빼앗기고 유배를 갔으며 사형을 당했지요. 갑자사화의 피바람은 자그마치 7개월 동안이나 계속됐어요.

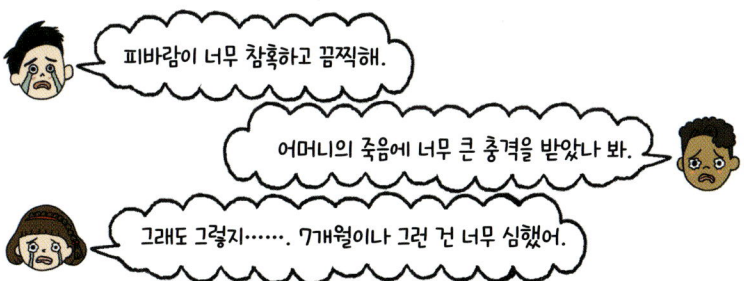

갑자년의 이 비극적인 사건의 희생자는 무려 239명, 이 중 극형을 받아 죽은 사람들의 숫자만 해도 122명이나 되었어요. 궁궐에 있던 수많은 신하들이 갑자사화로 사라졌지요. 갑자사화는 조선 역사상 가장 비극적인 사건 중 하나로 남게 됐어요.

4장

폭정으로 유교 국가를 무너뜨린 폭군, 연산군

# 연산군의 몰락과 중종반정

갑자기 왠 집이에요?

서민들이 살았던 집 같아요.

연산군이 유배 생활을 하다 죽었던 집이에요.

우리는 이제 1506년 강화도 교동의 왕실 유배지에 왔어요. 9월 2일 이곳에 소달구지 하나가 도착했어요. 소달구지에는 선홍색 옷에 갓을 쓴 초라한 모습의 연산군이 실려 있었지요.

연산군은 새 왕에게 위리안치를 명령받고 이곳에 왔어요. 위리안치는 죄인이 유배소에서 달아나지 못하도록 가시로 울타리를 만들고 그 안에 가두는 형벌이에요. 연산군은 이 작은 초가집에서 세상과 단절된 채 혼자 쓸쓸하게 생을 마감하게 되지요.

갑자사화로 완벽하게 신하들을 제압했던 연산군은 어쩌다 왕좌에서 쫓겨나 위리안치가 됐을까요? 이제 그 이야기를 해 볼게요.

## 연산군의 공포 정치

갑자사화로 모든 신하들을 제압하고 강한 왕권을 갖게 된 연산군은 이제 거칠 것이 없었어요. 뭐든 마음 내키는 대로 할 수 있었지요.

연산군은 '능상'을 더욱 자주 입에 올리며 왕을 능멸하는 자는 엄벌을 내릴 거라고 말했어요. 이건 괜한 엄포가 아니었어요. 연산군은 신하가 자신이 주는 고기를 먹지 않거나 시를 한 편 지어 올리라 했는데 두 편을 지어 올린 것도 '능상'이라며 신하들을 죽여 버렸어요.

형벌도 점점 더 무겁고 잔인해졌지요. 무오사화 때 이미 죽은 김종직을 어떻게 처형했는지 알아봤지요? 연산군은 김종직의 시신을 관에서 꺼내 또 한 번 죽이는 형벌을 주었어요. 이것을 '부관참시'라고 한답니다. 그런데 연산군은 여기서 그치지 않고 죽은 사람을 또 한 번 죽이는 끔찍한 형벌을 새로 만들었어요. 바로 '쇄골표풍'이에요.

쇄골표풍은 한자로 부술 쇄(碎), 뼈 골(骨), 회오리바람 표(飄), 바람 풍(風)을 써요. 시신을 관에서 꺼내어 해골을 부수고 가루로 만든 다음, 회오리바람에 날려 보낸다는 뜻이에요. 도덕과 인륜을 중시하는 유교 국가 조선에서 이런 잔인한 형벌을 만들었다는 게 상상이 안 되죠. 이건 아무리 왕이라도 절대 해서는 안 되는 행동이었어요.

상상을 뛰어넘는 폭군 연산군은 존재 자체가 공포였어요. 신하들은 혹시라도 왕의 심기를 건드릴까 전전긍긍했어요. 그 누구도 연산군에게 바른말을 하지 못했죠. 결국 연산군의 주변에는 아예 입을 닫거나 아첨하는 신하들만 남게 되었어요.

**〈연산군일기〉**
연산군이 재위 기간 한 일을 적은 실록. 폐위됐기 때문에 '실록'이라 하지 않고 '일기'라 부른다.

〈연산군일기〉를 보면 이 시기에는 신하들과 토론하고 의논했다는 내용이 거의 없어요. 주로 '전교했다'는 게 대부분이에요. 전교란 왕이 명령을 내린다는 뜻이에요. 신하들이 왕에게 말할 수 있는 길을 틀어막고, 침묵을 강요하는 무시무시한 공포 정치가 시작된 거예요. 연산군은 신하들을 단속하기 위해 궁궐에서는 '신언패'라는 패쪽을 목에 걸고 다니게 했어요. 한자로 삼갈 신(愼), 말씀 언(言), 패 패(牌) 자인 신언패에는 '입을 다물고 혀를 깊이 간직하면 몸이 어느 곳에 있든지 편안하리라.'라는 말이 새겨져 있었어요. 한마디로 말 조심하라는 거였지요.

또 연산군은 재상이든 대간이든 왕을 능멸하는 말을 한 자가 있으면 반드시 알리라고 명령했어요. 신하들을 이간질해서 자신에 대한 비판 여론이 만들어지지 않도록 한 것이지요. 이것도 모자라 과거의 기록들까지 샅샅이 뒤져 자신에게 바른말을 한

충성 사모

입은 화를 부르는 문이요, 혀는 자신을 베는 칼이다.

신하들을 모조리 잡아들였지요.

또 관복을 입을 때 쓰는 모자인 사모 앞뒤에 충성 충(忠), 정성 성(誠) 자를 수놓게 했어요. 왕과 신하 간의 위계를 명확히 하겠다는 연산군의 의지였죠.

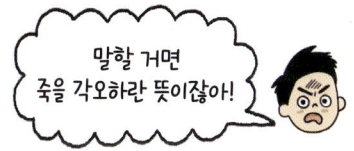

연산군은 신하들과 성균관 유생들에게 자신의 가마를 메게 하기도 했어요. 신언패를 차고 충성 사모를 쓰고, 가마까지 메는 처지가 된 신하들은 주눅들 수밖에 없었어요. 연산군은 공포 정치를 통해 나라와 백성을 자기 뜻대로 다스리는 절대 군주가 되려고 했어요.

## 사치와 향락에 빠진 연산군

연산군은 세자 시절부터 공부를 하기 싫어했었죠? 왕이 되고 나서도 툭하면 경연에 빠졌어요. 자신을 가르치려 드는 경연관들과 마주치고 싶지 않았던 거죠. 이제 누구의 간섭도 받지 않게 된 연산군은 경연부터 폐지합니다. 학문과 토론, 국정을 의논하는 아주 중요한 자리인데도 말이죠. 그리고 홍문관과 사간원을 없애 신하들의 언로를 차단해 버리지요.

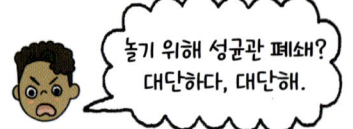

더욱 놀라운 것은 성균관을 폐쇄했다는 거예요. 연산군은 성균관 유생들을 모두 몰아내고, 그곳을 자신의 놀이터로 삼았어요. 조선 최고의 교육 기관이었던 성균관을 먹고 마시는 연회 장소로 바꿔 버린 것이죠.

또한 연산군은 사냥이나 나들이를 나갈 때면 자기가 지나가는 길 주변에 있는 백성들의 집을 모두 비우게 했어요. 그리고 가는 곳마다 금표를 세워 백성들이 들어올 수 없게 하고 그곳을 자신의 사냥터로 만들었지요.

〈연산군일기〉에 따르면, 1504년 금표에 속한 지역이 동쪽으로는 서울 송파 일대, 북쪽으로는 경기도 양주, 서쪽으로는 경기도 파주, 남쪽으로는 서울 용산, 노량진 일대까지 100리나 될 만큼 넓었어요.

당시 금표 때문에 쫓겨난 백성들의 수는 2만 명을 넘었다고 해요. 왕 한 사람을 위한 사냥터 때문에 백성들은 이루 말할 수 없는 피해를 입었어요. 하지만 연산군은 이런 백성들의 고통에는 관심이 없었던 것 같아요. 궁에서 매일 연회를 열고 춤과 노래를 즐기며 술에 빠져 지냈으니까요.

연산군은 연회를 위해 경복궁 경회루 연못에 많은 돈을 들여 특별한 공사를 하기도 했어요. 바로 '만세산'이라는 인공 산

을 만든 거예요. 연산군은 만세산 위에
궁을 짓고 금과 비단으로 꾸몄다고 해
요. 그리고 '용주'라는 배를 만들어 기생

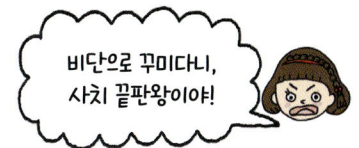

들과 뱃놀이를 즐겼다는 기록이 〈연산군일기〉에 남아 있어요.
 연산군이 춤과 노래를 좋아한다고 했지요? 그 때문인지 연산
군은 노래, 춤에 빼어난 실력을 갖추고 악기도 능숙하게 다루는
기생들과 어울리기를 좋아했어요. 그들을 궁궐 안에 살게 하고,
매일 술을 마시고 춤을 추며 어울렸지요. 전국에서 외모가 가장
빼어나고 춤과 노래 실력이 뛰어난 기생들을 뽑기 위해 '채홍사'

↑ 연산군이 뱃놀이를 했던 경복궁 경회루

라는 관직까지 만들었어요.

여러분, 연산군에게 폐비 윤씨의 죽음을 알린 임사홍과 임숭재 부자를 기억하죠? 연산군은 이들을 '채홍사'로 임명하고 전국을 돌며 여인들을 뽑게 했어요.

연산군은 채홍사가 뽑은 기생들을 특별히 흥청(興淸)이라 하고, 최고의 대우를 해 줬어요. 흥청에게 월급을 주고, 부모 형제까지 한양으로 불러 집과 땅을 내줬답니다. 이런 흥청이 처음엔 천 명, 나중엔 만 명까지 늘어났어요. 연산군이 흥청과 노는 데 엄청난 나랏돈이 들어갔던 거지요. 여기서 퀴즈!

> 연산군이 흥청과 놀며 나랏돈을 마구 써서 나온 네 글자 한자말이 있어요. 이 네 글자 한자말은 무엇일까요?

한자라면, 마이클한테 유리한 퀴즈인데? 마이클, 빨리 맞혀 봐.

계속 놀기만 하니까 시간이 지날수록 꼴불견이라는 뜻의 '점입가경'이 나왔을 것 같아요.

아니에요! 여러분, '흥청'이란 말이 들어가는 한자말을 떠올려 보세요.

흥청흥청? 흥청이랑 놀고 흥청이랑 또 노니까.

그거보단 뭔가 안 좋은 결과를 뜻하는 말일 것 같아.
앗, 생각났어요.
쌤, 흥청망청이요!

정답! 흥청망청은 돈이나 물건을 마구 사용하거나 흥에 겨워 마음대로 즐기는 것을 뜻해요. 이 말은 연산군 때문에 생겨났지요. 연산군이 흥청들과 노는 것을 보고 백성들이 '이렇게 흥청거리다가는 나라가 망하겠다.'고 탄식했어요. 여기서 '흥청망청'이라는 말이 생겨났다고 해요.

**HTX VIP 한국사 보태기**

## 연산군과 함께한 흥청, 장녹수

만 명에 가까운 흥청 중에 유명한 기생이 있어요. 연산군 이야기에서 빠짐없이 등장하는 장녹수예요. 연산군은 장녹수에게 반해 막강한 권력까지 주었지요. 장녹수가 누구인지 알아볼까요?

연산군은 춤과 노래 실력이 뛰어난 장녹수를 보고 첫눈에 반해 버렸어요. 그녀는 연산군보다 나이도 많은 데다 자식까지 있는 유부녀였어요.

세상에 이런 여인이!

연산군은 장녹수를 궁에 불러 같이 살고, 장녹수의 부모한테도 집과 재물을 주었지요.

전하, 갖고 싶은 게 있어요.

뭐든 주마!

장녹수는 왕의 총애를 등에 업고서 종3품으로 고속 승진하며 함부로 권력을 휘둘렀어요. 다른 사람의 재산을 마음대로 빼앗고, 벼슬도 마음대로 주었지요.

전하, 저자에게 벼슬을 주십시오.

그래, 어떤 벼슬 줄까?

결국 장녹수는 연산군이 중종반정으로 쫓겨나면서 처형돼요. 장녹수는 길거리에서 백성들이 던진 돌에 파묻혀 최후를 맞았다고 해요.

왕 믿고 우릴 괴롭혔어!

연산군이 궁궐로 흥청을 불러들여 노는 동안 고통받는 건 백성들이었어요. 채홍사 임씨 부자는 전국의 기생들을 끌어모아 갔을 뿐 아니라 일반 백성들의 아내와 딸, 그리고 양반의 첩까지 끌고 갔어요.

아내와 딸이 끌려가는 모습을 바라보는 가족의 마음은 어땠을까요? 채홍사가 기승을 부리던 시기, 집집마다 원망하고 통곡하는 소리가 끊이질 않았다고 해요. 하지만 이 소리는 연산군의 귀에 들리지 않았어요. 연산군에게는 흥청과 노는 일이 더 중요했으니까요.

연산군은 나랏일은 제쳐 두고 흥청과 어울리며 백성들을 돌보지 않았어요. 유교 국가를 완성하고 백성을 나라의 본으로 여겼던 아버지 성종이 안다면 크게 노할 일이었죠. 하지만 누구 하나 연산군에게 바른말을 하는 사람이 없었어요. 그때 침묵하는 신하들 사이에서 감히 연산군에게 바른말을 하는 사람이 나타났어요. 바로 내시˙ 김처선이

**내시**
조선 시대에 왕의 시중을 들거나 궁궐 안의 잡무를 맡아보던 관리다.

었어요.

　김처선은 세종부터 연산군까지 무려 일곱 명의 왕을 모신 내시였어요. 김처선은 연산군을 어릴 때부터 보필해 온 내시로서 연산군의 폭정을 더 이상 지켜볼 수 없었어요. 자신이라도 연산군에게 바른말을 해야겠다고 생각했지요.

　1505년 어느 날, 김처선은 아내에게 이런 말을 남기고 궁궐로 향했어요.

　"오늘 나는 반드시 죽을 것이오."

　김처선은 바른말을 하면 연산군에게 죽임을 당할 것을 알았어요. 그리고 이날은 정말 김처선의 마지막 날이 되었답니다.

　김처선이 궁궐에 도착해 보니 그날도 어김없이 연산군은 연회를 즐기고 있었어요. 김처선은 연산군을 향해 결연한 목소리로 외쳤어요.

　"이 늙은 신하가 오랫동안

왕실을 보필해 왔으나 전하처럼 행동하는 왕은 이제껏 없었사옵니다!"

 연산군은 김처선이 쏟아붓는 바른말에 화를 참을 수 없었어요. 당장 활을 집어 활시위를 당겼어요. 화살이 날아가 김처선의 갈빗대를 맞췄어요. 그런데도 김처선은 바른말을 멈추지 않았어요. 연산군은 칼을 빼들었어요. 그러고는 김처선의 숨이 끊어져 더 이상 말을 잇지 못할 때까지 휘둘렀어요.

 이 일화는 〈소문쇄록〉이라는 책에 나와요. 과장이 섞였겠지만, 연산군이 김처선에게 얼마나 분노했는지 보여 주지요. 연산군은 김처선이 죽은 뒤에도 분이 풀리지 않았어요. 김처선의 집을 허물어 그 터에 연못을 만들고, 김처선이란 이름을 쓰는 사람은 모두 이름을 고치라고

능상이다!
그 입 닫으라!

명령했어요. 김처선의 이름에 들어 갔던 '처' 자는 아예 쓰지도 못하게 금지령까지 내렸지요.

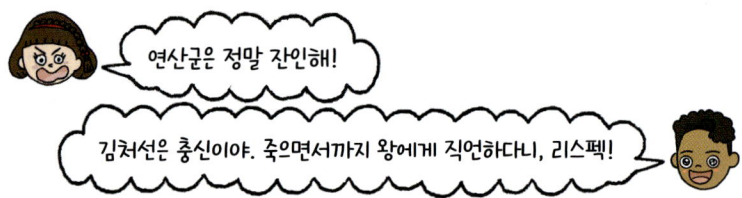

 연산군의 폭정은 날이 갈수록 심해졌어요. 권력을 무자비하게 휘두르고, 패륜적인 악행을 서슴치 않았어요. 하지만 모든 것에는 끝이 있기 마련이죠. 연산군의 폭정에 숨죽여 지내던 신하들이 결국 일어섭니다.

## 절대 군주의 몰락과 반정

 연산군이 재위한 지 12년째인 1506년 성희안과 박원종은 자주 만나고 있었어요. 성희안은 연산군의 잘못을 비판하는 시를 지었다가 관직에서 쫓겨났고, 박원종은 누이가 연산군과의 추문 때문에 자결해 원한을 품고 있었어요. 두 사람은 모두 연산군에 대해 불만을 가지고 있었고, 연산군의 악행과 폭정으로 어지러

워진 나라의 앞날을 걱정했어요.

백성들의 원성도 자자했어요. 연산군의 공포 정치 속에서도 도성에 왕을 비판하는 익명서가 나붙기 시작했죠. 박원종과 성희안은 나라의 운이 이미 기울어 더 이상 지체할 수 없다고 판단했어요.

"더 이상 연산군의 폭정을 두고 볼 수는 없소."

"반정에 뜻이 있는 세력을 모읍시다."

두 사람은 은밀하게 반정을 준비합니다. 반정(反正)은 본래의 바른 상태로 돌아간다는 뜻이에요. 그러니까 폭정을 일삼는 연산군을 폐위하고 새 왕을 세워 나라를 바로잡겠다는 것이지요. 이때 문무를 겸비한 유순정이 참여해요. 그리고 영의정, 우의정 등의 대신들이 합류하면서 반정 세력은 더욱 힘을 얻게 됐어요.

드디어 그날이 왔어요. 1506년 음력 9월 1일, 반정군은 먼저 연산군의 처남인 신수근과 그의 형제, 그리고

간신 임사홍을 제거하고, 곧장 궁궐을 향해 나아갔어요.

반군이 도착했을 때 궁궐은 이미 텅 비어 있었어요. 벌써 상황을 눈치챈 궁궐의 군사와 시종, 내관들이 연산군을 버리고 앞다투어 도망을 갔거든요.

연산군은 반정군이 올 거라고는 꿈에도 생각 못했어요. 반정군은 무방비 상태로 궐 안에 머물고 있던 연산군을 끌어냈어요. 이때 연산군은 어떤 반응을 보였을까요? 〈중종실록〉에 따르면, 연산군은 옥새를 요구하는 이들에게 이렇게 말했다고 해요.

"내 죄가 무거워 이렇게 될 줄 알았다. 좋을 대로 하라."

이러면서 궁녀를 시켜 옥새를 내어 주었다고 해요. 이후에도 저항하거나 자기 죄를 변명하려 했다는 기록은 찾아볼 수 없어요.

'권불십년'이란 말이 딱 맞아!

옥새를 확보한 반정군은 그다음 날 오후, 연산군을 폐한 뒤, 중종을 새로운 왕으로 세웠어요. 중종은 성종의 계비 정현 왕후의 아들이자 연산군의 이복동생인 진성 대군이었지요. 중종반정은 단 하루도 안 걸려 성공했어요.

연산군은 왕자 신분으로 강등되어 강화도 교동에 위리안치되었어요. 사치와 연회를 즐기던 사람이 갑자기 세상과 단절되니 쓸쓸했던 걸까요? 연산군은 오래 살지 못했어요. 유배 생활 2개월 만인 1506년 음력 11월 6일 쓸쓸히 죽음을 맞았지요. 그때 그의 나이 서른한 살이었어요.

# 에필로그

"후유, 전 아직도 손에서 땀이 나는 것 같아요. 연산군이 일으킨 무오사화, 갑자사화, 공포 정치는 정말 무서웠어요."

한 쌤이 이끄는 한국사 여행에 푹 빠져 있었던 만세가 말했어요. 만세는 소름이 돋는 듯 몸을 부르르 떨기도 했어요.

"연산군의 피바람은 정말 살 떨렸죠. 연산군이 공포 정치를 한 데는 성격 탓도 있지만, 강한 왕권에 집착했던 까닭도 있어요. 그런데 여러분, 연산군은 왜 그렇게 강한 왕권에 집착했을까요?"

한 쌤의 질문에 여주가 먼저 손을 번쩍 들었어요.

"연산군은 조선의 왕이라면 반드시 해야 하는 유교 공부를 제대로 안 하고 왕이 됐잖아요. 똑똑한 신하들이 바른말을 하면 신하들이 왕인 자신을 가르치려 한다고 느꼈을 것 같아요. 그러니까 힘으로 지배하려고 한 거죠!"

이조선 교수님이 고개를 끄덕이며 말을 보탰어요.

"일리가 있는 이야기예요. 조선은 유교 사상에 기반한 법과 제도로 운영되는 나라였어요. 그런 나라로 만든 왕은 연산군의 아버지 성종이었고요. 공부보다는 예술에 더 소질이 있었던 연산군으로서는 유교 국가의 왕 역할이 어려웠을 거예요."

만세가 갑자기 공감이 된다는 듯 말했어요.

"왕이 적성에 안 맞았던 거예요? 어쩐지 좀 불쌍해요."

"그렇다 해도 폭력이 정당화될 수는 없지."

"마이클! 정이 없는 거 아니야? 애가 왜 그렇게 차갑냐?"

만세가 마이클의 어깨를 장난스럽게 툭 치며 말했어요.

"아냐, 나 사랑이 넘쳐."

갑자기 마이클이 만세를 끌어당기며 뽀뽀를 하려고 하자 만세가 기겁을 했어요. 그 모습에 모두 웃음이 터졌어요.

"쌤, 저 궁금한 게 있어요. 강한 왕권을 가진 왕이 나라를 다스리는 게 잘못인가요?"

만세의 질문에 한 쌤이 빙그레 웃으며 말했어요.

"잘못은 아니지요. 강한 왕권을 누구를 위해 쓰느냐가 중요한 문제가 아닐까요? 백성을 위한 일에 썼다면 연산군은 쫓겨난 왕이 되지 않았을 거예요."

만세는 물론 여주와 마이클까지 고개를 끄덕였어요. 한 쌤이 마이클에게 물었어요.

"마이클은 한국사 마니아지만 그래도 유학 사상 내용은 어렵지 않았나요?"

"어려운 부분도 있었지만 그래도 할머니께서 늘 강조하시던 예절이 '삼강'에 들어 있어서 괜찮았어요. 앞으로 유학 사상에 대해 더 알고 싶은 호기심도 생겼고요."

한 쌤이 갑자기 마이클에게 손 하트를 날렸어요.

"그렇다면 다음 여행을 기대해요. 분명히 더 재밌는 여행이 될 거예요. 자, 다음 벌거벗은 한국사 여행을 기약하며 HTX에서 또 만나요! 안녕!"

# 역사 정보

❶ 시대 배경 살펴보기
❷ 인물 다르게 보기
❸ 또 다른 역사 인물들

◈ 주제 마인드맵 ◈

**벌거벗은 한국사 퀴즈**
◈ 성종 편  ◈ 연산군 편
◈ 정답

# 사림의 성장과 사화

성종이 나라를 안정적으로 다스리는 데는 사림의 역할이 컸어요.
연산군 대에 무오사화로 사림 세력은 위축되기도 했지만,
이후 다시 조선 역사의 주축이 됩니다.
성종 시대에 등장한 사림의 역사를 살펴보아요.

### 사림에 힘 실어 준 성종

성종이 직접 나라를 다스리기 시작할 무렵 조정은 나이 많은 대신들이 많았어요. 이들은 대부분 수양 대군을 왕으로 만들며 공신이 된 신하들로, 조선의 주요 지배층으로 군림했지요. 이들을 '훈구'라고 해요. 훈구는 '중요한 공로를 세워 공신에 책봉된 나이 많은 신하'를 의미하는 원훈구신을 줄인 말이에요.

성종은 연로한 훈구 대신들 외에 젊은 인재를 등용해 자기 뜻을 펼치고 싶었어요. 이때 학문이 뛰어난 김종직이 성종의 눈에 띄었어요. 성종은 김종직의 제자들인 사림을 중앙 정치 무대로 불러 언론의 역할을 하는 삼사에 배치하고 적극 지원했어요. 사림은 삼사에서 활동하며 조정에 대해 바른말을 하고, 성종이 나랏일을 결정하는 데에 학문적인 뒷받침을 하는 역할을 했어요.

↑ 창덕궁에서 홍문관 건물로 쓰였던 옥당

History information

## 무오사화로 사림 세력을 공격한 연산군

성종에 이어 왕이 된 연산군은 아버지 성종과는 생각이 많이 달랐어요. 삼사의 반대와 비판도 경청하고 조율했던 성종과 달리 연산군은 이를 왕의 권위에 대한 도전으로 여겼어요. 그래서 왕권을 강하게 만들고 싶어 했고, 대간들과 사이가 멀어질 수밖에 없었어요.

때마침 1498년 김일손의 사초와 김종직의 '조의제문'이 문제가 되었고 연산군은 이를 빌미로 사림을 공격했어요. 이것이 조선 최초의 사화인 무오사화의 발단이 됐지요. 사림은 이때 큰 타격을 입게 돼요.

사림은 그 후 어떻게 되었을까요? 중앙 정치에서 멀어지는 듯했던 사림은 중종 시대에 다시 등장해 조선 중기 이후 정치와 사회를 주도하는 세력으로 점차 성장해 나갔답니다.

유학자 김종직을 기리고 유학을 가르치기 위해 지은 밀양 예림서원 ↑

# 태평성대를 연 성종과
# 폭정을 펼친 연산군의 또 다른 모습

법과 제도를 정비해 나라를 안정시켰던 성군 성종,
절대적 왕권으로 포악한 정치를 펼쳤던 폭군 연산군,
우리가 아는 성종과 연산군에게는 다른 이야기가 숨어 있어요.
두 사람의 또 다른 모습을 알아보아요.

## 통치 체제를 완성한 성종, 군사 문제는 소홀했다?

성종은 태평성대를 이끈 성공한 군주로 인정받고 있어요. 그래서 세종 대왕에 버금가는 성군이라 불리지요. 하지만 모든 분야에서 커다란 진보를 이룬 세종과는 달리 성종은 학문 중심의 정치를 펼치면서 과학 기술 분야에서는 별다른 성과가 없었지요. 특히 군사 분야에서는 허술한 점이 많았어요.

공부가 더 중요해!

1484년에 올라온 상소에 따르면, 장수들의 자질이 떨어지고, 수군이 각 포구에서 쓸 병선이 서너 척 밖에 없었다고 해요. 또, 연례 군사 훈련도 성종 대에 들어와선 이런저런 이유로 취소되어 몇 번 이루어지지 않았대요. 수

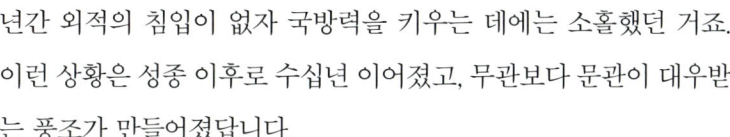

년간 외적의 침입이 없자 국방력을 키우는 데에는 소홀했던 거죠. 이런 상황은 성종 이후로 수십년 이어졌고, 무관보다 문관이 대우받는 풍조가 만들어졌답니다.

### 폭군 연산군, 왕이 아니었다면 예술가로 이름을 날렸을까?

연산군은 세자 시절부터 공부보다는 시 짓기와 음악, 춤을 더 좋아했어요. 왕이 되어서도 자주 신하들에게 시를 지어 올리게 하거나 자신이 시를 지어 내리기도 했지요. 연산군이 지은 시는 중종반정 때 상당수가 불태워지고 없어졌지만, 지금도 120여 편이 남아 전해져요.

또한 음악과 춤을 좋아했던 연산군은 신라 때의 처용 설화에서 비롯된 처용무를 즐겼다고 해요. 연산군이 처용무를 얼마나 좋아했는지 당시 최고의 처용무 춤꾼인 여산을 초빙해 직접 춤을 배우기도 했대요. 연산군이 처용무를 출 때면 남다른 춤사위에 지켜보던 궁녀들이 모두 눈물을 흘릴 정도였다고 해요. 만약 연산군이 왕이 되지 않았다면, 뛰어난 예술가로 역사에 이름을 남겼을지도 몰라요.

# 왕과 운명을 함께 했던 인물들

왕위 계승 서열 3위의 왕자가 조선의 9대 왕,
성종으로 즉위한 데에 특별히 힘을 보탠 사람들이 있었어요.
두 번의 사화와 반정, 연산군의 운명을 바꾼 사건을
함께 한 사람들도 있었지요. 누구인지 만나 볼까요?

### 조선 전기 지략가, 한명회 (1415년~1487년)

조선 전기 계유정난의 설계자로, 수양 대군을 왕으로 만든 일등 공신이에요. 당대 최고의 관직을 두루 거쳤고, 두 딸을 각각 예종, 성종과 결혼시키며 권력의 정점에 있었지요. 한명회라는 든든한 장인이 버티고 있었기에 왕위 계승 서열 3위였던 성종이 왕이 될 수 있었어요.

### 조선 최초로 수렴청정을 한 왕후, 정희왕후 (1418년~1483년)

조선의 7대 왕인 세조의 첫 번째 부인으로 세조의 계유정난을 적극 도왔어요. 둘째 아들인 예종이 병으로 일찍 죽자, 먼저 죽은 첫째 아들 의경 세자의 자식인 성종을 왕위에 앉혔어요. 그러고는 대왕대비로서 수렴청정을 했어요. 성종

의 정치를 적극적으로 뒷받침하며 조선의 왕권을 안정시켜 후대에 까지 높이 평가받고 있어요.

### 조선의 대표 간신, 유자광(1439년~1512년)

조선 시대에 차별을 받던 서얼 출신으로, 굵직한 정치적 사건에 관여하며 자신의 출세와 부귀를 도모했던 인물이에요. 예종 때에 예종의 친척인 남이가 쓴 시를 들어 그가 역모를 일으키려 한다고 주장하며 '남이의 옥'이란 사건을 주도했고, 연산군 때는 김종직의 '조의제문'을 문제삼아 무오사화를 크게 일으켰어요. 연산군을 몰아내는 중종반정에도 가담했지만 결국 몰락하여 유배지에서 죽음을 맞았어요.

### 반정의 최대 수혜자, 중종(1488년~1544년)

연산군의 이복동생으로, 신하들의 반정으로 하루아침에 조선의 11대 왕이 되었어요. 중종은 즉위 후 문란해진 나라의 기강을 바로잡으려 연산군이 폐지했던 모든 법제를 복귀시켰어요. 그리고 성종 시대의 왕도 정치를 본받아 반정 공신 세력을 억누르려 했지만 성공하지 못했어요.

주제 마인드맵

# 유교에 바탕한 법과 제도로 태평성대를 이끈 성종

성종은 조선 개국 이후 추진되어 온 여러 제도를 정비하고 완성함으로써 조선이 본격적으로 발전할 수 있는 토대를 마련했어요.
성종이 이룬 업적을 살펴보아요.

**홍문관 설치**
- 옛 집현전의 기능을 이어 발전시킴
- 학술·언론 기관이자 왕의 자문 기관

**학문 진흥**

**다양한 편찬 사업**
- 〈동국통감〉, 〈동국여지승람〉, 〈국조오례의〉, 〈악학궤범〉 등

**〈삼강행실도〉 한글 번역**
- 백성들의 생활 속에 유교 윤리 정착

**유교 문화 확산**
(학문 진흥 & 체제 정비)

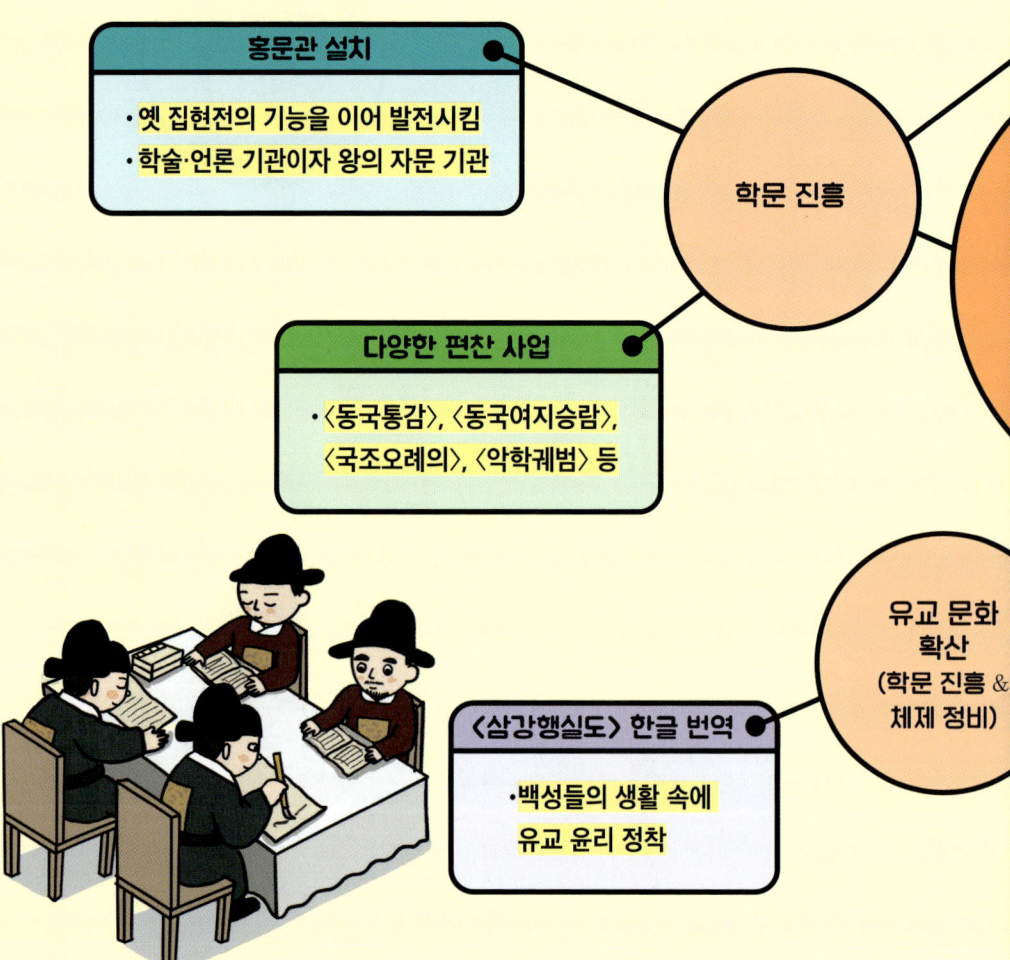

 History information

## 유교 국가 기틀 마련한 성종

**독서당 설치**
- 젊은 유학자들의 연구 환경 조성

**체제 정비**

**경국대전 완성과 반포**
- 조선 통치의 기본 법전
- 백성들의 일상생활까지 관리

**삼사 활성화**
- 언론의 활성화
- 수준 높은 유교 정치 실현

**경연 제도 부활**
- 왕과 신하의 토론 활성화
- 소통 정치 시도

**지방 모든 군·현에 향교 설치**
- 지방 유교 교육 담당

## 벌거벗은 한국사 퀴즈 성종 편

한국사능력검정시험 제51회 21번

 (가)에 해당하는 책으로 옳은 것은? (   )

> 조선 제 9대 국왕인 성종의 재위 기간에는 통치에 관한 규범들을 확립하기 위해 많은 서적이 편찬되었다. 국가 운영 전반에 대한 법률을 담은 ☐☐☐이/가 반포되었으며, 국가의 의례를 정비한 〈국조오례의〉와 궁중 음악을 집대성한 〈악학궤범〉이 완성되었다.

① 〈택리지〉   ② 〈경국대전〉   ③ 〈농사직설〉   ④ 〈동의보감〉

 다음 설명에 해당하는 책 제목은?

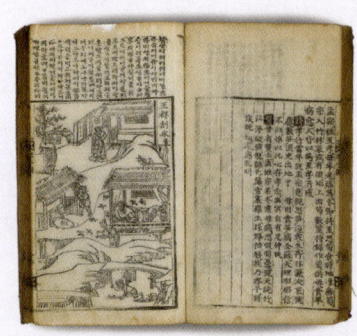

조선은 삼강오륜을 널리 알리고자 글과 그림으로 유교 윤리를 담은 서적을 편찬하여 보급하였다.

History information

  다음 빈칸에 들어갈 내용으로 옳은 것은? (    )

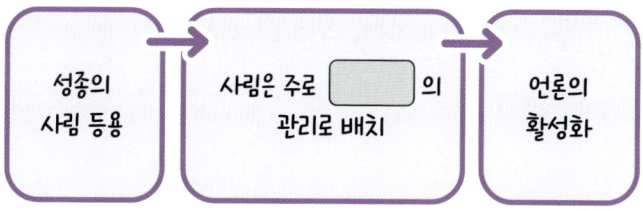

① 삼사  ② 육조  ③ 의정부  ④ 성균관  ⑤ 한성부

**한국사능력검정시험 제46회 20번**

 (가) 기구에 대한 설명으로 옳은 것은? (    )

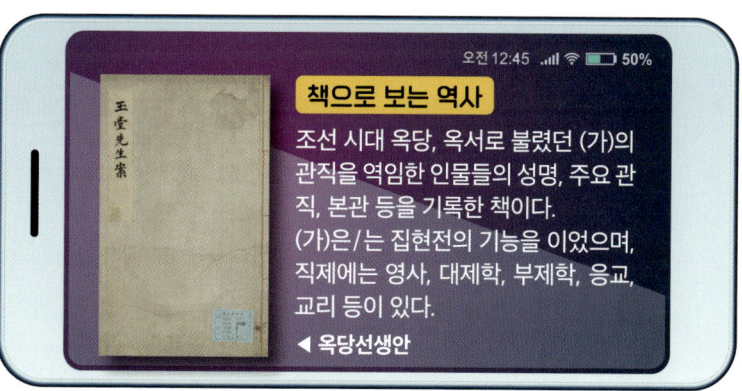

① 수도의 행정과 치안을 담당하였다.
② 사헌부, 사간원과 함께 삼사로 불렸다.
③ 검서관에 서얼 출신 학자들이 기용되었다.
④ 임진왜란을 거치면서 국정 전반을 총괄하였다.
⑤ 국왕 직속 사법 기구로 반역죄, 강상죄 등을 처결하였다.

다음 괄호 안에 들어갈 왕의 이름은? (   )

(　　　 )은(는) 왕위에 오른 뒤 사초에 실린 김종직의 '조의제문'을 문제 삼아 사화를 일으켜 사림을 제거하였다. 뒤이어 자신의 친어머니가 폐비된 것을 이유로 많은 신하들을 몰아내는 사화를 일으켰다.

① 인조　② 효종　③ 선조　④ 광해군　⑤ 연산군

 다음 설명에 해당하는 사건으로 옳은 것은? (   )

유자광은 김종직이 쓴 '조의제문'이 세조가 단종을 쫓아내고 왕위를 차지한 것을 비판하는 글이라며 삼사에 많았던 사림 세력을 공격하였고, 사림 세력은 큰 피해를 입었다.

① 무오사화　② 갑자사화　③ 기묘사화　④ 을사사화
⑤ 중종반정

조선의 10대 왕에 대한 설명으로 틀린 것은? (　　)

① 사치에 빠져 진상품을 사느라 나랏돈을 낭비했다.
② 경복궁 경회루에 인공 산인 만세산을 만들었다.
③ 신하들에게 신언패와 충성 사모를 착용하게 했다.
④ 시, 음악, 춤을 좋아하여 음악 백과사전인 〈악학궤범〉을 편찬했다.

한국사능력검정시험 제45회 21번

 다음 검색창에 들어갈 인물에 대한 설명으로 옳은 것은? (　　)

① 갑술환국으로 정계에서 축출되었다.
② 반정 공신의 위훈 삭제를 주장하였다.
③ 무오사화의 발단이 된 '조의제문'을 작성하였다.
④ 〈색경〉을 저술하여 농업 기술 발전에 이바지하였다.
⑤ 양명학을 연구하여 강화학파 형성의 기초를 마련하였다.

# 벌거벗은 한국사 퀴즈 정답

History information

### 성종 편

 ② 〈경국대전〉

 ① 삼사

 ② 사헌부, 사간원과 함께 삼사로 불렸다.

### 연산군 편

 ⑤ 연산군

 ① 무오사화

 ④ 시, 음악, 춤을 좋아하여 〈악학궤범〉을 편찬했다.

 ③ 무오사화의 발단이 된 '조의제문'을 작성하였다.

## 사진 출처

18쪽 경복궁 근정전_문화재청
26쪽 신숙주 초상화_위키미디어
33쪽 무일편서병_국립고궁박물관
36쪽 〈영화당침림사선도〉_문화재청
38쪽 김종직 초상화_위키미디어
41쪽 독서당 계회도_국립고궁박물관
44쪽 〈금오좌목〉 의금부 그림
　　　_서울대학교규장각한국학연구원
45쪽 형정도 여인치죄_국립민속박물관
48쪽 홍우보의 처 김씨 열녀문_강원도청
56쪽, 표지 신윤복 〈장옷 입은 여인〉
　　　_한국데이터베이스산업진흥원
　　　옥교자_상주박물관
58쪽 〈삼강행실도 언해본〉_국립중앙박물관
60쪽 〈악학궤범〉
　　　_서울대학교규장각한국학연구원
62쪽 〈경국대전〉_국립민속박물관

66쪽 서울 장의사지 당간지주
　　　_게티이미지뱅크
67쪽 수륙재_문화재청
83쪽 선릉_문화재청
91쪽 연산군 시대 금표비_문화재청
98쪽 연산군 유배지_인천광역시
106쪽 경회루_문화재청
116쪽 서울 연산군묘_문화재청
122쪽 창덕궁 옥당_게티이미지뱅크
123쪽 밀양 예림서원_문화재청
131쪽 〈옥당선생안〉
　　　_서울대학교규장각한국학연구원
133쪽 밀양 추원재_문화재청

135

# 벌거벗은 한국사
## ❷ 성종의 유교 정책과 연산군의 폭정

**기획** tvN STORY 〈벌거벗은 한국사〉 제작진 | **글** 윤진숙 | **그림** 이효실 | **감수** 임기환

1판 1쇄 인쇄 | 2023년 4월 20일
1판 3쇄 발행 | 2025년 12월 1일

**펴낸이** | 김영곤
**프로젝트1팀장** | 이명선
**기획개발** | 채현지 김현정 권정화 우경진 오지애 최지현
**영업팀** | 정지은 한충희 남정한 장철용 강경남 황성진 김도연 이민재
**디자인** | 박수진 **구성** | 김익선 **제작팀** | 이영민 권경민

**펴낸곳** | (주)북이십일 아울북
**등록번호** | 제406 - 2003 - 061호 **등록일자** | 2000년 5월 6일
**주소** | 경기도 파주시 회동길 201(문발동) (우 10881)
**전화** | 031 - 955 - 2145(기획개발), 031 - 955 - 2100(마케팅·영업·독자문의)
**브랜드 사업 문의** | license21@book21.co.kr
**팩시밀리** | 031 - 955 - 2177
**홈페이지** | book21.com

ISBN 978-89-509-4300-4
ISBN 978-89-509-4298-4(세트)

Copyright©2024 Book21 아울북·CJ ENM. ALL RIGHTS RESERVED.
이 책을 무단 복사·복제·전재하는 것은 저작권법에 저촉됩니다.

• 잘못 만들어진 책은 구입하신 서점에서 교환해 드립니다.
• 가격은 책 뒤표지에 있습니다.

⚠ **주의** 1. 책 모서리가 날카로워 다칠 수 있으니 사람을 향해 던지거나 떨어뜨리지 마십시오.
2. 보관 시 직사광선이나 습기 찬 곳을 피해 주십시오.

다양한 SNS 채널에서
아울북과 올파소의 더 많은 이야기를 만나세요.

인스타그램
@owlbook21

유튜브
@아울북&올파소

• 제조자명 : (주)북이십일
• 주소 및 전화번호 : 경기도 파주시 회동길 201(문발동)
  031 - 955 - 2100
• 제조연월 : 2025. 12. 01
• 제조국명 : 대한민국
• 사용연령 : 3세 이상 어린이 제품

• **일러두기** 이 책에 나오는 지명과 인명은 《표준국어대사전》을 따라 표기하였습니다.

# 비교하면 더 잘 보이는 역사!

조선의 통치 체제 안정과 붕당 분열 시기, 세계에서는 어떤 일이 일어나고 있었을까요?
한국사와 동시대의 세계사 사건들을 퀴즈로 풀어 보며,
두 역사의 연결 고리를 찾아보세요!

 15세기에 대항해 시대가 열리게 된 배경으로 적절하지 않은 것을 골라 보세요.

① 아시아에서 온 향신료, 비단 등이 높은 값에 거래되었다.
② 동로마 제국이 멸망하고 오스만 제국이 동서 교역의 주도권을 장악했다.
③ 마르코 폴로의 <동방견문록>이 베스트셀러가 되며 아시아에 대한 호기심을 불러일으키고 환상을 갖게 했다.
④ 아메리카 대륙이 있다는 것을 확신하고 탐험하기 시작했다.

 다음 설명을 읽고 누구를 가리키는지 이름을 골라 보세요.

· 에스파냐 왕실의 투자를 받아 항해해 1492년 카리브해의 섬에 도착했다.
· 최초로 아메리카 대륙을 발견했으나 죽을 때까지도 인도인 줄로만 알았다.
· '위대한 탐험가'란 평가와 함께 '신대륙의 학살자'란 평가가 있다.

① 바르톨로메우 디아스　　② 바스쿠 다 가마
③ 크리스토퍼 콜럼버스　　④ 마르코 폴로